Controle populacional de grupos de felinos em situação de rua

Provisões, captura e cuidados pós-cirúrgicos

Sérgio Augusto

Controle populacional de grupos de felinos em situação de rua

Provisões, captura e cuidados pós-cirúrgicos

BRASÍLIA - MARÇO/2019

Diagramação Sérgio Augusto
        Capa Sérgio Augusto
      Revisão Francisco Rodrigues Júnior

A923c

Augusto, Sérgio, 1976 -

Controle populacional de grupos de felinos em
situação de rua: provisões, captura e cuidados
pós-cirúrgicos / Sérgio Augusto. 1 Ed. – Clube
dos Autores, Brasília, DF:

ISBN: 978-85-924701-2-8

1. Animais (zoologia)

CDD 590

Impresso no Brasil
Printed in Brazil

Agradecimentos

Agradecimento a minha família (esposa e filha) pelo apoio e a todos que ajudaram durante o processo.

Agradecimento especial à Elvira Maria, pelo incansável trabalho em prol dos animais em situação de rua, luta diária para manter seu bazar em Sobradinho/DF, criado e dedicado para arrecadar fundos para aliviar o sofrimento de todos àqueles que cruzam o seu caminho.

SUMÁRIO

INTRODUÇÃO

O presente trabalho é sobre uma experiência de captura de mais de 30 felinos em situação de rua, para realização de um processo de castração em clínicas conveniadas através da iniciativa pública, abordando as dificuldades envolvidas na captura, no transporte, nos confinamentos até a chegada da porta da clínica veterinária e dos cuidados pós-cirúrgicos.

É indicado para todos que têm curiosidade sobre o assunto e, principalmente, para quem deseja realizar o mesmo trabalho, prevenindo, dessa forma, a não cometer erros que coloquem em risco a vida dos animais. Esse projeto envolve muito trabalho, dedicação e, se não for bem planejado, poderá ocorrer gastos financeiros desnecessários às pessoas envolvidas nesse processo.

Portanto para a realização desse processo de captura de felinos em situação de rua, há inúmeras dificuldades que vão desde vizinhos, a falta de ajuda, as documentações exigidas, os meios de captura, de transporte e condicionamento, assim, como também, os insumos, os equipamentos de apoio adequados, os recursos financeiros, as pesquisas de preços, a quantidade de felinos a ser levada, por cada vez, à clínica, além da recuperação pós-cirúrgica, as vantagens e desvantagens, caso a recuperação desses animais seja feita em casa ou na própria clínica, o tempo de recuperação da cirurgia e a identificação dos animais.

Também como informação complementar, há conteúdos relacionados ao movimento de proteção e libertação animal, assim como, também, uma breve história da evolução dos felinos e a misticidade que os envolve.

E, por fim, a gratificação ao ter realizado um grande trabalho por aqueles que, normalmente, ninguém olha por eles. Animais vítimas do especismo, preconceito e do desprezo. Na maioria das vezes, para muitos felinos em situação de rua, este projeto traz a única experiência de cuidado e atenção dada em toda a vida deles, a qual é abreviada devido às adversidades cruéis que eles enfrentam diariamente por questão do abandono.

1 – GRUPOS FELINOS EM SITUAÇÃO DE RUA

Antes do passo a passo, vou contar um pouco sobre a minha história, que, provavelmente, é comum a outras histórias de pessoas que se aventuram em castrar animais em estado de rua.

1.1 O local da cambadinha

Em 2016, alugamos uma casa numa cidade satélite de Brasília, chamada Sobradinho. A maioria das casas em Sobradinho possui a frente voltada a uma área verde comum e os fundos para uma estrada pavimentada. Na mesma área verde onde fui morar junto a minha família, encontrei uma casa na vizinhança em que havia vários gatos. O nosso primeiro contato com a proprietária dessa casa foi bem casual, quando ela nos informou que os gatos foram chegando e ficando ali, inclusive, alguns por terem sidos abandonados no quintal dela, por algumas pessoas. Ela, todavia, acolhia os felinos, dando-lhes comida e água, mas não os castrava e nem dava cuidados veterinários. No momento em que conversamos, ela reclamou dos vizinhos que a incomodava devido aos gatos e, portanto, estava feliz pelo fato de a gente não ter ido lá para reclamá-la e, isso, porque também convivemos com gatos em nossa casa.

Na casa dela contava-se, aproximadamente, 30 felinos e, se somassem aos outros que ficavam pela área verde,

11

provavelmente, chegaria a mais de 50 desses animais. Os gatos eram de ambos os sexos e de todos os tamanhos e cores, assim como, alguns mais velhos, adultos e novos, sem falar nas fêmeas quais muitas delas estavam prenhas. Segundo informações dos vizinhos, há muito tempo existiam vários gatos naquela casa. A colônia de gatos vez em quando aumentava e diminuía, pois, assim como alguns nasciam, outros, entre a maioria deles, apareciam mortos e a causa mortis era geralmente por desnutrição, assim como também suspeitos de envenenamentos causados, propositalmente, por pessoas que moravam na área verde.

Antes de ter esse encontro com esta senhora, eu já havia tentado contatos, porém o portão da casa dela estava sempre fechado e parecia haver ninguém para atender aos meus chamados. Então pensei ter tido muita sorte naquele dia, ao encontrar o portão aberto e ser atendido por ela, para que pudéssemos conversar sobre os gatos. Segundo informações dos vizinhos, esta senhora, supostamente, sofria algum tipo de fobia social, pois não atendia aos chamados de ninguém, ao portão.

No primeiro momento, depois de nossas conversas, o que pude fazer foi ajudá-la quanto à alimentação dos felinos. Todos os dias passei a deixar uma média de 0,5kg a 1kg de ração em frente ao portão da casa desta senhora. Não demorou muito tempo para eu perceber que a maioria dos gatos era arisco, trazia a característica de animais em estado de rua, pois eles viviam pela área verde e muitos deles estavam visivelmente debilitados, alguns faltando, até mesmo, a pelagem. Imaginei que aqueles gatos utilizavam o imóvel mais para fugir de ameaças e para se abrigarem da chuva, pois, pelo visto, não recebiam cuidados veterinários e alimentação adequada.

Uma quantidade daquela de gatos exigia horas diária de atenção, principalmente com a limpeza, além de um gasto bem considerável a uma alimentação adequada, uma estrutura e espaço próprio para que eles não fugissem para as ruas, medicamentos, vacinas, gastos com emergências, castrações etc. O custo da alimentação diária e alguns atendimentos de urgência começaram a pesar no nosso orçamento. Antes, mensalmente, o gasto normal lá em casa, com os gatos que conviviam com a gente era de 10kg de ração por mês, o que dava em torno de R$ 100,00 reais, mensalmente. Depois que começamos a ajudar os gatos da área verde, acrescentou mais 30kg. Só na alimentação, passamos a gastar em torno de 40kg a 50kg de ração por mês, que, ao ser contabilizado, ficou em torno de R$500,00 reais, sem contar com algumas emergências que eram comuns e, como todos sabem, o atendimento aos animais em clínicas veterinárias é mais caro do que aos humanos.

Foi necessário que pedíssemos ajuda a vizinhança, mas, infelizmente, nenhum morador da área deu importância aos nossos apelos, pois, além de não ajudarem colocaram vários empecilhos ao nosso trabalho solidário, ou seja, nos culpando por estar alimentando os gatos, como se isso estivesse ajudando a aumentar a população deles em nossa área. Na verdade o aumento era devido à taxa de nascimento, imigração deles, provindo de outros lugares e também pessoas abandonavam animais no local.

Todavia, conseguimos alguma ajuda esporádica quanto à doação de rações, através de alguns amigos veganos.

Depois de muita dificuldade, conheci outra senhora que se chama Elvira, ela, frequentemente alimentava cães e gatos que viviam na redondeza e, com isso, ao passar do tempo nos tornamos amigos e fizemos uma boa parceria. Contei para ela sobre a outra senhora a qual possuía em sua casa vários gatos, que nós tentávamos ajudá-la quanto à alimentação deles, da forma como podíamos.

Elvira conseguiu entrar em contato com essa senhora da casa dos gatos e nos trouxe outras informações ainda mais detalhadas, ou seja, ela verificou que realmente ela alimentava os gatos, mas em quantidade insuficiente e com ração de péssima qualidade. As vasilhas de água estavam sujas e escuras. Contou que a senhora não parecia ser acumuladora de animais, pois não se importava que alguém os adotasse tampouco os castrasse, denotando com isso, certa indiferença. Ela também nos contou que a senhora relatou para ela que os gatos apareceram por lá há muito tempo e que ela, então, os acolheu apenas dando ração e água, de modo que eles foram se acomodando por lá, ora aumentando ou diminuindo a população deles. Com ajuda da proprietária tornaria fácil para que nós pudéssemos castrá-los, mas isso, todavia, foi um ledo engano, pois não foi bem assim como pensávamos; isso porque, 99% das vezes em que tentamos capturá-los para levá-los à clínica, a senhora dava-nos prova de que realmente sofria algum tipo de fobia social, pois ela não atendia aos nossos chamados no portão de sua casa, de onde dávamos para ver o vulto dela na janela, mas ela mesma não aparecia para nos atender. Como pegaríamos os gatos se o portão da casa estava sempre fechado?

Daí vem à conclusão de que para começarmos a fazer um processo de controle populacional por meio de castrações de qualquer animal de rua, especificamente neste caso dos felinos, faz-se necessário um bom planejamento e, todavia, devemos tomar algumas providências antes dar início ao processo.

1.2 As dificuldades com os vizinhos

Os vizinhos dos dois lados da casa da colônia de gatos, começarem a ficar incomodados com a nossa presença, principalmente com a minha, pelo fato de estar alimentando os gatos.

No final do dia, no horário em que eu costumava dar alimento aos gatos, o vizinho do lado direito, um homem adulto, que possui deficiência na fala (mudo), veio ao meu encontro gesticulando de forma brusca, dando a entender que ele não queria que eu colocasse ração ali. Ele apontava para a sola do tênis, gesticulando, provavelmente querendo reclamar sobre as fezes que os gatos deixavam na grama. Com gestos mais bruscos, ele ainda veio em minha direção gesticulando, como se desejasse me empurrar, me mandando embora daquele local. Foi quando me dei conta da situação, pois se tratava de um momento de tensão em que eu tive que recuar para que não houvesse contato físico do oponente.

15

Argumentei a ele sobre a questão de os gatos não morrerem de fome, mas não dava para que eu soubesse se ele entendia os meus argumentos, provavelmente não, pois ele não emitia palavras e, sim, alguns sons guturais e estranhos, próprio de quem é tem deficiência na fala. Então optei a não falar mais nada, principalmente porque o ambiente se encontrava meio escuro e ele se demonstrava agressivo ao tentar comunicar comigo por sinais (creio que através dos sinais de libras). Porém agi, conscientemente, porque se ele me agredisse fisicamente, eu não podia me defender, porque eu não ia ter nenhuma testemunha a meu favor, pois ele era portador de necessidades especiais e, todavia, a lei penderia a favor dele, diante daquela circunstância, mesmo que eu agisse em legítima defesa.

Tive que recuar naquele dia, porém na noite seguinte, coloquei a ração em horário diferente e, por incrível que pareça o mesmo moço estava ali de tocaia e apenas esperou que eu saísse para jogar a ração dos gatos fora. Foi quando percebi que, provavelmente, todos os dias ele retirava a ração dos gatos e a jogava fora, deixando os pobres animais com fome.

Provavelmente, algumas pessoas pensam que se não dar comida aos gatos, eles desaparecem "vão para outro lugar". Na verdade, os gatos depois que crescem podem sim, procurar outros lugares, principalmente se há muita competição quanto aos recursos que eles precisam para sobreviver. Porém se não dar comida a eles, logicamente eles desaparecem, embora não por causa da falta de comida, mas porque ficam debilitados e morrem de fome ou de alguma doença que atinge qualquer organismo que esteja com baixa imunidade. Um ou outro gato consegue ir para um destino melhor, porém a maioria procura um canto para se isolar e acaba se definhando até morrer sem que as pessoas os percebam senão depois devido ao odor do corpo em decomposição.

Sem uma alimentação adequada, tanto gatos quanto qualquer outro ser vivo estará mais susceptível a várias doenças. Por isso é importante cuidar de quem precisa de cuidados e, neste caso, quando falamos especificamente de gatos, devemos dar a eles uma ração de melhor qualidade, dentro do nosso limite financeiro, pois, agindo assim, estamos prevenindo vários gastos futuros com veterinários. Vale lembrar que existem também muitas rações de péssima qualidade e de preço bem elevado e, todavia, as melhores rações devem ser compradas em lojas especializadas. Rações coloridas geralmente contém corantes artificiais e que diminui a qualidade de vida dos felinos.

Voltando à história, uma vez à tarde, quando Elvira foi colocar ração no portão da mesma casa, o mesmo sujeito que havia me abordado correu atrás dela com pedaço de pau. Tentei convencê-la para que nós fôssemos à delegacia registrar um boletim de ocorrência, porém ela ficou com receio de que esta atitude fizesse com que a polícia acionasse a Zoonoses e, também, que o vizinho ficasse ainda mais com raiva, e de alguma maneira agisse em retaliação aos gatos. Pensando dessa forma, desistimos de dar queixa na delegacia contra o agressor.

Na tentativa de solucionar o problema, enchi a caixa postal do tal agressor de folhetos buscando sensibilizá-lo quanto à proteção dos animais e informá-lo sobre a questão de multas e prisão por maus-tratos a qualquer pessoa que infringisse a lei. Troquei o meu horário para colocar a ração aos gatos, obrigando-me a acordar todos os dias entre 2h às 5h da manhã. Por mais de três anos, todos os dias, eu alimentava os gatos entre esses horários. Com o passar do tempo, não vi mais o indivíduo na rua e comecei a deslocar os horários para colocar a ração, próximo de meia noite, antes de dormir.

O vizinho do outro lado, um dia, também veio discutir comigo pelo fato de que eu estava "colocando a ração". Ele também pensava que se eu parasse de abastecer os gatos com a porção, eles migrariam e desapareceriam da frente da casa deles, embora no fundo saiba que os gatos morreriam. Espalhei alguns cartazes com dizeres *"Denuncie, maltratar animais é crime"*, coloquei panfletos nas caixas dos correios das casas da região, na tentativa de sensibilizar as pessoas para não envenenarem os animais. Acredito que esta ação tenha amenizado a situação, pois nunca mais os vizinhos ou pessoas da nossa região falaram ou contestaram comigo sobre a questão de eu continuar a alimentar os felinos. Acho que decidiram seguir aquele velho ditado popular, *"se não quer ajudar pelo menos não atrapalha!"*.

Em frente à minha casa, coloquei três casinhas, potes com ração e água e logo percebi que alguns gatos migraram da colônia. Todos os dias, no final da noite, muitos gatos aparecem, até de outros lugares, para se alimentarem socialmente na frente de minha casa.

A sociedade, infelizmente, está baseada em valores conhecidos como especismo, cujo termo foi popularizado por Peter Singer, na década de 70, qual origem foi através do psicólogo britânico Richard D. Ryder. O especismo está na mesma linha do racismo e do sexismo, ou seja, o especismo é um preconceito ou a atitude tendenciosa de alguém a favor dos interesses de membros da própria espécie contra outras[1].

Junto ao especismo, também está enraizado, na sociedade, o antropocentrismo, que é uma visão de mundo em que o humano se coloca no centro do universo ou no topo de uma pirâmide em interesses sobre o universo. É como se o universo, o planeta, a natureza, os animais fossem feitos e tem como único objetivo, apenas para servir a espécie humana. É uma perspectiva de mundo egoísta e gananciosa, repassada pela maioria dos pais, pela escola e através das mídias em massa.

O antropocentrismo tem maior relação com a idade moderna, século XVII, quando as descobertas da ciência tornam o discurso religioso menos favorecido[2]. A ética no antropocentrismo é relacionada apenas ao benefício humano.

Quando se tem algum cuidado aos animais, é sempre com segundas intenções, como: roubar os ovos/óvulos das fêmeas das aves, o leite do bezerro. Para explorar animais no

[1] SINGER P. Libertação Animal, São Paulo. WMF Martin Fontes; 2010.

2 AUGUSTO, Sérgio Linha do tempo: Relação entre humanos e os outros animais – Misticismo, Teocentrismo, Antropocentrismo, Biocentrismo. – Brasília: Clube de Autores, 2018.

sentido de fazê-los puxar, transportar e carregar coisas para humanos, sem que estes tenham consciência de que o trabalho é da razão de viver humana e não da razão de viver dos outros animais. Os cuidados veterinários à saúde dos animais de abate, por exemplo, não é para o animal ficar saudável e ter um bem viver, mas, sim, para serem mortos saudavelmente na intenção de consumir seus corpos/cadáveres. No caso dos cães, muitas vezes, eles são usados para enfrentar ladrões que podem pular no quintal, afagar vazios sentimentais, para *status* social (cães de raça), para farejar nas ações policiais e como cão guia. Quanto aos gatos, estes, muitas vezes, são abandonados em sítios e galpões na intenção de eles caçar ratos e outros animais indesejados pelos humanos.

Para que serve uma vaca e um cavalo? Para que serve um pombo? Será que o sentido da vida dos outros animais é apenas nascer para servir a espécie humana? Será que os animais não têm sua própria razão para viver semelhante aos humanos?

1.3 A procura de ajuda

Sim, quem sabe vale a pena tentar pedir ajuda nas redes sociais, com panfletos para entregá-los às pessoas nas ruas ou à vizinhança, através das caixas de correio. Fazer vaquinhas, bazares, rifas, festas beneficentes, arrecadar fundos entre amigos... Pode ser que venha ajuda de algum lugar e isso fará aliviar financeiramente por alguns meses. Entretanto hoje encontramos mais pessoas precisando de ajuda, do que pessoas dispostas a ajudar. É melhor ter a base financeira calculada no seu próprio orçamento e contar como bônus, as ajudas externas, porque é um grande risco assumir cuidados aos animais exclusivamente com dinheiro e ajuda vindas dos outros, pois isso implica colocar a vida dos animais em risco.

Diante desse pressuposto, tornar-se bem óbvio que é necessário repensar e limitar os animais quanto às condições de espaço e de sua situação financeira, para que você possa proporcionar a eles (que neste caso, refiro principalmente a cães e gatos) um ambiente saudável, garantindo-lhes comida e cuidados veterinários necessários.

Também deve se pensar como e onde ficarão os animais, se por ventura, algum dia, você tiver que realizar uma mudança domiciliar, se for diagnosticado por uma doença inesperada, morte, invalidez, desemprego ou coisas assim, que qualquer um possa ser fadado pelo destino. Então, você tem que pensar sempre em um "plano B" ou ter alguém de confiança para assumir a responsabilidade, caso alguma coisa lhe aconteça e atrapalhe a dar continuidade aos trabalhos. Porém, falo isso apenas como uma advertência e que sirva de alerta, pois "não é mau agouro ou pessimismo pensar nisso, é racional".

Boa parte dos protetores de animais estão superlotados e endividados. Todo protetor de animais deseja nada mais que pessoas capazes de ajudá-los ao compartilhar suas vidas com os animais resgatados, ou seja, alguém para adotar um animal em situação de rua. Engana-se quem acha que o protetor está apenas para "dar um jeito" e dispostos a "se livrar do problema" do que se apresentou diante dos olhos dele e o abalou emocionalmente. Na maioria das vezes é estar na contramão, pedir para um protetor de animais, espaço e condições para acolher mais animais e, pior ainda, quando usa da empatia do protetor para chantageá-lo, ameaçando largar o animal novamente na rua. Não é errado pedir, pode ser que esteja com sorte, mas, saiba que, provavelmente, o protetor também precisa de ajuda e não apenas de transferência de responsabilidade.

Quando um grupo de animais for numeroso, a melhor alternativa é procurar se informar sobre as campanhas de castração públicas, caso não tenha na sua cidade, você poderá pedir informações e/ou solicitações aos departamentos relacionados às Secretarias de Saúde e Meio Ambiente, assim como também às ONGs e saiba, pois que por meio da coletividade, você terá muito mais força para resolver este problema. Infelizmente, muitos municípios brasileiros não recebem bem a demanda por castração, pois vários gestores ainda se encontram com a mentalidade voltada à Idade Média e apenas solucionam o problema de excesso de população de animais em lugares públicos, através do recolhimento e extermínio em massa.

Caso sejam poucos gatos, e não existir campanhas de castração pública em seu município, o mais indicado é fazer uma pesquisa e castrar pelo menos 1 ou 2 animais por mês, evitando, assim, que eles procriem.

Interessante é não criar expectativa com a ajuda de outras pessoas, pois na hora de colocar a mão na massa, boa parte da ajuda prometida por elas, não é cumprida. Faz lembrar aquela música "A Verdade a Ver Navios", de autoria dos Engenheiros do Hawaii, quando diz: *"Na hora "H" no dia "D". Na hora de pagar pra ver. Ninguém diz o que disse, não era bem assim"*. Todos que prometeram ajudá-lo vão para casa e você fica lá, pegando os gatos até altas horas da noite, limpando, constantemente, as fezes e as urinas além de ter que escutar os miados deles, durante a madrugada.

É bom tomar cuidado, é bom ser pessimista nessa hora e pensar que todas essas tarefas ficarão por sua conta, pois essa é a verdade, haverá uma grande possibilidade de que você assuma tudo isso, sozinho. Pensando assim, se acontecer de você ter que assumir tudo isso, pelo menos você planejou antes e, todavia, mediu as consequências. Você será capaz de dar conta, indo mais devagar na realização de todo o processo, porém não desistindo das castrações, que é o ponto culminante do projeto em prol de diminuir a população dos gatos, visando dar a eles uma boa qualidade de vida.

Porém, se você vê que não dá conta de todo esse processo, não tente transferir toda a responsabilidade e as despesas para outra pessoa, pois quem sai perdendo são os animais, uma vez que a pessoa que se torna responsável por eles, sem a ajuda de alguém, acaba ficando estressada e desistindo, sem nunca mais querer participar dos processos de castração. Portanto, é bom que você saiba dividir as tarefas e as despesas, pois tudo tem que ser pensado e bem planejado.

1.4 Animais domésticos, estima e selvagens

Importante saber que todos os animais possuem a capacidade de sentir dor, porque, assim como os humanos, eles possuem cérebro e sistema nervoso; embora isso pareça algo óbvio, mas a maioria das pessoas age como se eles não tivessem cérebro.

Os cães e gatos são animais domesticados, ou seja, a maioria precisa da presença humana para sobreviver, diferente dos animais selvagens que conseguem e precisam sobreviver no meio natural. Engana-se quem acha que soltando cães e gatos na natureza (florestas e matas fechadas) ou na cidade, eles terão uma vida livre e mais feliz. Estudos demonstram que a expectativa de vida dos animais abandonados diminui drasticamente, pois eles são acometidos por várias doenças evitáveis, o que não acontece se eles tiverem no convívio e sob os cuidados humanos.

Os cães e gatos foram domesticados há milhares de anos, e ao passar do tempo, eles perderam muitas habilidades naturais passadas de pai para filho cujos ensinamentos preciosos envolviam a sobrevivência em ambiente natural.

As diferenças são muito marcantes em relação aos antepassados, principalmente no caso dos cães, dos lobos e dos gatos (os gatos do mato). Os cães e gatos domésticos são outras espécies e, todavia, eles necessitam dos cuidados humanos, pois são melhores adaptados em ambientes mistos, com áreas verdes e ambientes domésticos.

É possível verificar isso observando os animais domésticos que saem das residências, como acontece com a maioria dos gatos e cães. Eles saem e, depois de algum tempo, quando não ocorre qualquer adversidade, voltam. Eles preferem e precisam dos dois ambientes e, quando não há áreas verdes e seguras para eles darem algumas voltinhas, é melhor não deixá-los sair, pois esses "passeios" resultam em atropelamentos, envenenamentos e outros tipos de maus-tratos. Um quintal amplo já consegue suprir parte das necessidades deles, mas, infelizmente, muitos animais moram em residências que não possuem quintal, principalmente em apartamentos, quando se faz necessário ao cuidador usar da criatividade para fornecer distração à mente deles.

A companhia de outro animal, objetos, voltinhas supervisionadas, cheiros, sons e texturas diferentes aliviam a necessidade de interação. Deixar animais solitários em apartamentos, enquanto sai para trabalhar e, ao retornar em casa, chega exausto, sem energia para brincar com o companheiro que está com o nível máximo de energia, não é algo positivo. Será que apenas a mente humana e, ainda cansada e sonolenta, é uma boa companhia aos animais domesticados?

Em resumo, os animais silvestres/selvagens são aqueles que vivem em ambientes naturais (florestas, rios, lagos, campos), onde encontram abrigos e alimentos e são preparados (ou treinados) pelos pais para sobreviverem, após deixar os seus respectivos ninhos.

Portanto é crime retirar animais do ambiente natural, principalmente para vendê-los. É expressamente proibido comprar/vender/criar animais de qualquer espécie que esteja somente para viver em seu próprio habitat. Atualmente, somente zoológicos, estudiosos em pesquisas e criadouros autorizados têm permissão para aproximar-se deles, ora no meio natural em que vivem, ora em lugares responsavelmente adaptados de acordo com o ambiente de cada espécie a ser estudada.

Os animais domésticos são os que foram criados há muito tempo pelos humanos e, todavia, a maioria deles foi condicionada a viver e a se socializar de acordo com as regras impostas a eles, tornando-os dependentes devido aos condicionamentos. Boa parte desses animais, infelizmente, é criada para exploração e matança. Os animais domesticados não são apenas cães e gatos, são também aqueles que os humanos exploram. Que fique bem claro que os animais domesticados não dão o corpo, a carne, os ovos, os óvulos, o leite, o mel, a lã, as penas, o couro, pois não há garantias do consentimento, é inteligente pensar que, na verdade, aos outros animais que são explorados pelo homem, tudo é retirado à força, ou seja, o que eles têm de mais valioso ao qual é roubado.

Os animais lutam pela vida, e ao contrário do que muita gente pensa, os animais raciocinam sim, comprovadamente. Os animais podem raciocinar menos que os animais humanos, mas não quer dizer que isso implica uma ausência de raciocínio, pois da mesma maneira em que os cães possuem audição e as águias a visão bem superior aos dos humanos, isso não quer dizer que os humanos são surdos e cegos.

É possível viver, na medida do possível, utilizando de produtos e alimentos à base de vegetais e minerais, sem a necessidade de explorar e colocar em sofrimento os animais.

Na linha dos animais domésticos há uma subdivisão chamada de animais de estima/estimação. São animais domésticos de companhia e afeto. Cabe lembrar que essa classificação de animais como de abate, praga, estima, tração, carga foi criada a partir da visão e conveniência humana, pois para a natureza são todos simplesmente animais. Pode se classificar o que existe no planeta da seguinte forma:

✓ **Seres vivos não sencientes:** planta, fungos, bactérias, protozoários, células (com material genético);
✓ **Seres vivos sencientes:** animais com estados mentais;
✓ **Inanimados:** sem vida, sem material genético.

Todos os três grupos devem ser tratados com respeito, pois vivem em simbiose (um grupo depende do outro). As plantas precisam dos animais e os animais precisam das plantas, pois ambos precisam de microrganismos e de material inanimado (água, minerais, terra).

As plantas não são capazes de sentir e ter consciência igual aos animais, pois a dor e a consciência dos animais só são possíveis devido aos estados mentais; logo, os seres que não possuem cérebro e sistema nervoso não são sencientes.

No meio da causa animal sempre surge o argumento de estudos que provam que as plantas também sentem dor, e por isso, a matança de animais é justificável.

Os tecidos das plantas sentem vibrações, sentem um barulho mais alto que se propaga por meio de ondas pelo ar. Caso todos os dias alguém grite ou emita algum som mais forte perto de uma planta, pode acontecer sim de ocorrer alguma mudança na formação de determinadas plantas. Tudo isso ocorre porque no ar existe água em forma de umidade/vapor, e o som propaga devido às moléculas que se desestabilizam em suas estruturas simétricas. O que pode ocorrer também com a estrutura das moléculas de água dentro das plantas ou até deslocamentos de água no interior das células das plantas em determinados locais ocorrendo um movimento. Entretanto isso passa longe de ser algo sobrenatural, telepatia por meio de orações, energias do além ou que a planta tenha uma consciência.

Sentir não é a mesma coisa que sentir dor, pois dor é alarme disparado para que o animal fuja da origem da dor. Dor e prazer é elaboração de uma consciência psicológica emocional do animal. Seria a natureza sádica a ponto de colocar dor nas plantas e enraizá-las sem que elas pudessem fugir[3]?

Se admitirmos o sofrimento das plantas, teremos que admitir o sofrimento dos minerais, do cabelo, do celular, dos carros.

O limite da senciência é a fronteira diferencial de uma maior preocupação pelo interesse alheio. A capacidade de sofrer e de sentir prazer é vital, além de um pré-requisito para um ser ter interesse e, portanto, a igualdade de consideração deve existir independente da espécie[4].

Muitos acreditam na superioridade e divindade humana em relação à biodiversidade, porém, para a vida na Terra, as abelhas foram consideradas o ser mais importante do planeta.

[3] FELIPE, Sônia, Carnelatria, Escolha ommis vorax mortal, São José/SC, Ecoânima: 2018
[4] SINGER P., Ética Prática, São Paulo. Martin Fontes; 1993.

Uma simples árvore é muito mais importante que um humano. Sem as árvores, a Terra vira um deserto sem vida e sem humanos para reverenciar seus deuses aos quais acham superiores. Porém se tirássemos de cena a espécie humana da Terra, seria o contrário, haveria uma explosão de vidas, pois a biodiversidade iria aumentar em todos os continentes e oceanos. Isso, todavia, nos leva a concluir que humanos não são tão importantes assim. Fazer a vida humana ter sentido por existir é, quem sabe, uma boa pista para ter uma razão para se viver.

1.5 Cuidados básicos para animais de estima (cães e gatos)

Para ter como companheiros de vida cães e gatos deve se fazer certo planejamento. Segue abaixo algumas medidas que, com certeza, evitarão vários problemas.

Consentimento de todos: Todos na residência devem ser consultados e estarem de acordo;

Tempo de vida: Ter conhecimento o tempo (ou a perspectiva) de vida dos animais que varia entre 10 a 20 anos.

Idade do animal: Animais mais novos são bem mais agitados e demandam maior energia e disposição humana; porquanto os animais mais velhos são melhores para pessoas de maior idade, porque são mais calmos e tranquilos.

Alimentação: Uma alimentação de boa qualidade é proporcionalmente relacionada à prevenção de várias doenças. O animal com boa nutrição supera muitas doenças e algumas doenças graves podem não manifestar por longos períodos. Menor quantidade de animais na residência possibilita adquirir alimentos de melhor qualidade para eles. Quanto maior o número de animais, maior o jogo de cintura, para aumentar a quantidade de alimento, sem diminuir muito a qualidade. Rações sem corantes (ou não coloridas) geralmente são as de melhor qualidade. Rações compradas em estabelecimentos de maior porte, e pacotes com maior quantidade, tem uma economia considerável. Por exemplo, as rações vendidas em mercados geralmente são coloridas e possuem o preço bem salgado, entre R$ 20,00 a R$ 30,00 reais o quilo. Rações de qualidade bem superior, compradas em estabelecimentos especiais, em sacos de 10 quilos, chegam a custar entre R$ 10,00 a R$ 15,00 reais o quilo. As rações acondicionadas em potes ou em embalagens bem fechadas não ficam úmidas e nem perdem o gosto e o aroma, facilmente. Os gatos, em especial, são mais exigentes quanto à comida que os cães. Importante também dar alimentos úmidos para os gatos, pelo menos uma vez por semana.

Higiene: Os consumidores devem ser de preferência inox. Para água pode ser também o de barro, porém sem verniz ou pintura que possa deixar gosto na água. A limpeza dos potes, dos panos, da casinha, do chão, da caixinha de areia serve de prevenção a várias doenças. A caixinha de areia dos gatos deve ser esvaziada e ser limpa na sua totalidade de tempos em tempos. Pode ser colocados dentro dela produtos de limpeza, assim, como também um perfume na areia, embora esses produtos não sejam muito fortes. Lembre-se que os gatos estarão em contato com a areia. A água sanitária, por exemplo, em contato com a pele e próxima ao rosto do animal, prejudica-o.

Recursos financeiros: Além da comida e a água, há também os cuidados médicos de emergência que, provavelmente, vão aparecer, além dos cuidados regulares como vacinas, vermífugos e outras. Não esquecendo, claro, da castração.

A atenção: Apenas a mente humana, talvez, não seja o ideal para a vida dos animais domesticados. Por isso é importante passear com eles, para que eles sintam outros cheiros e outras presenças. Evitar as voltinhas sem acompanhá-los, pois esta "liberdade" é a principal causa de morte e desaparecimento de animais. É interessante ter animais em pares, pois na ausência da movimentação humana na residência, outra fonte de movimento e interação estará à disposição.

Local adequado: O ambiente e o número adequado de animais evitam disputas territoriais, acúmulo de fezes e urina, doenças e zoonoses (doenças específicas transmitidas de animais para animais humanos). É importante telar as residências e apartamentos.

1.6 Por que castrar?

Muitas pessoas se opõem a castração de cães e gatos justificando que isso são maus-tratos, que não faz parte da natureza dos animais ou por motivos religiosos. Entretanto, parecem que elas não se importam por estar rodeados de caprichos e apetrechos artificiais (roupas e acessórios) dados aos cães e gatos aos quais convivem diariamente. Há uma grande variedade de trecos supérfluos que são destinados especificamente para os animais, muitos a fim de agradar mais aos humanos do que eles, que, sem dúvida, sentem-se incomodados ao usá-los. Por exemplo, na natureza não se encontra pacotinhos de rações correndo de seus predadores, como se fossem presas assustadas, da mesma forma em que, também, não encontramos caixinhas de areia, remédios, vacinas e alimentos úmidos que são processados pela indústria. Portanto, se os cães e gatos se beneficiam com as artificialidades humanas, logo a justificativa do "natural", não faz sentido nem para os humanos e tampouco para os felinos.

A castração, apesar de invasiva, não é considerada como maus-tratos, porque visa o bem-estar dos animais. Devemos considerar como maus-tratos as gerações e gerações que nascem com um único destino a que cada animal está fadado: abandono, desnutrição, doenças, sofrimento e morte prematura. Muitos morrem ainda filhotes por doenças simples como as verminoses. Os animais abandonados, que conseguem chegar à fase adolescente, se aventuram pelo mundo sendo acometidos por diversas crueldades da mente doentia dos humanos, que são: envenenamentos, apedrejamentos, rojões inseridos no ânus do animal, pauladas, água quente, facadas, atropelamentos intencionais, enforcamentos e outras crueldades peculiares que são arquitetados inescrupulosamente pelos animais humanos que ainda possui a pretensão de se acharem superiores a todos os outros. Logo uma castração com anestesia é um ato de compaixão e evita sofrimento e consequências inimagináveis.

Afinal, quem é capaz de ter empatia pelos os outros animais, deveria naturalmente ter pelos animais da própria espécie.

Cães e gatos foram domesticados para atender interesses humanos como a segurança no quintal, no controle de pragas e afago sentimental, não é justo, agora, usá-los e depois descartá-los, como se eles fossem objetos inanimados e não animais, assim, como também somos. Os animais criam vínculos, possuem família, sentimentos e, o mais importante, a capacidade de sofrer, que deveria ser o principal critério para que fossem considerados sujeitos de direito.

E sobre o último argumento que se refere ao religioso, muitos justificam determinadas condutas de acordo com o que está escrito em seus livros sagrados e em dogmas de determinada religião. Veja bem, a religião faz parte do mundo sobrenatural. No mundo sobrenatural não é necessário o critério da lógica, ou seja, tudo pode acontecer, assim como tudo pode existir e desaparecer, de acordo com os caprichos da mente humana que, muitas vezes, ignora a lógica, o uso da razão e de provas.

Existem mais de 1000 deuses, só no cristianismo existem mais de 32 mil subdivisões, portanto ao impor aos animais uma determinada conduta religiosa seria entrar num campo muito relativo e, todavia, fora da realidade. Logo é melhor focar na realidade, na dor e no sofrimento, que os animais possam sofrer, do que abrir um leque infinito de imaginação. Basta lembrar que religião[5] faz parte da razão de viver da maioria dos humanos e não dos animais. Portanto, impor

---

[5] Religião vem do latim "religare" que significa religação. Essa religação se refere entre uma nova ligação entre o homem e um Deus.

33

consequências negativas aos animais baseadas em determinada religião, não é algo muito honesto e inteligente a se fazer.

Sobre as vantagens de castrar cães e gatos, segue abaixo alguns tópicos muito interessantes.

Redução da demarcação de territórios: As constantes urinadas para marcar território dentro das residências são reduzidas drasticamente. Para os gatos em situação de rua, as brigas por território e a aceitação de indivíduos têm uma visível melhora. Aqueles barulhos estranhos de brigas de gatos a noite tende a diminuir consideravelmente.

Sem brigas de acasalamento: Boa parte das agitações dos gatos em situação de rua e também dos domiciliados é devido aos cios constantes. Nas fêmeas começa o primeiro cio já no 6º ao 9º mês nas gatas de pelo curto e nas de pelo longo pode atrasar até o 15º mês. A média de nascimento é de 4 a 8 filhotes, que, em apenas 6 meses, as fêmeas já estarão prontas para procriar em conjunto com a mãe, resultando sucessivamente em até 11 mil filhotes em 5 anos. As gatas têm cios mais de uma vez por ano e vários fatores influenciam a frequência, como: a raça, o peso, a genética, o contato com outras fêmeas que estão no cio. Nas épocas de maior calor, a frequência aumenta. São três fases distintas[6]:

1 Antes do cio: a gata está mais nervosa e afetuosa.

---

[6] *https://www.peritoanimal.com.br/o-cio-dos-gatos-sintomas-e-cuidados-20124.html*

2 Cio: se não receber o macho passará o dia chorando, miando e esfregando-se pelo piso.

3 Relaxamento: a volta à normalidade. As gatas não sangram, para saber se uma gata está com o cio, deverá reparar na sua atitude. Muito cuidado durante o cio, as fugas são bem comuns, pois elas ficam muito agitadas. Não perca de vista, feche qualquer lugar que possa ocorrer à possibilidade de fuga.

Demais vantagens: reduz as fugas, agressividade e superpopulação. Melhora a expectativa de vida, evita consideravelmente a possibilidade de sofrer de câncer, principalmente de mama e do surgimento da infecção uterina. Quanto a castração, o procedimento é rápido, apenas demora a passar o efeito da anestesia.

2 - PROGRAMA DE CASTRAÇÃO

Chegou o momento da discussão sobre como colocar a mão na massa. Segue abaixo passo a passo para castração de animais em situação de rua. A prática que tive foi em relação à captura, o transporte a clínica e os cuidados pós-operatórios de mais de 30 castrações realizadas num período de dois meses. Se for considerar o número de quantos gatos capturei para serem castrados sob a minha responsabilidade, eu não tenho como dizer exatamente quantos, pois perdi as contas e, além disso, ainda continuo com castrando, só que de forma bem menos frequente.

Por onde começar?

O primeiro passo é procurar o prazo de cadastramento em programas públicos de castração de animais em seu município. Caso o município em que você mora nunca fez e não tem previsão ou interesse de fazer castrações, infelizmente, para que você dê continuidade ao processo, terá que fazê-las por meio de recursos próprios.

Caso seja com recursos próprios, deve-se primeiro verificar a quantidade financeira mensal disponível, fazer uma tomada de preços, ou seja, orçar os valores nas clínicas, começando na que se encontra mais próxima de sua residência. Não inserir no orçamento possíveis ajudas financeiras externas, de amigos, parentes, ONGs etc., porque, como falei, anteriormente, há uma grande possibilidade das expectativas tornarem frustrações. Considere apenas como um bônus as ajudas externas. O feito é melhor do que ficar sonhando e nunca realizar o perfeito, ou seja, é melhor castrar apenas um gato por mês do que ficar planejando um grande investimento para castrar 50 animais e esse projeto nunca sair do papel.

Nos programas de castrações públicas, é importante verificar que podem existir duas modalidades: a que eu chamo de Modalidade comum, para cães e gatos domesticados e domiciliados e a Modalidade para grupos em situação de rua. No meu caso era a segunda modalidade que atendia com o nome de referência de "Castração de Cães e Gatos para Grandes Plantéis". São animais que vivem em situação de rua, possuem algum tipo de morada, como, construções, casas fechadas ou até residências de proprietários que, por algum motivo, não castram e deixam os animais se procriarem infinitamente, até quando eles vão ganhando a rua e entrando em várias residências próximas, sujeitos a todo tipo de crueldade. Pode ser que essa modalidade seja mais rápida, pois atinge um interesse público maior.

No meu caso, em menos de 30 dias já estava tudo pronto e autorizado para marcar as castrações na clínica conveniada. Não há como escolher a clínica, pois o processo é realizado por meio de licitação pública. Muitas vezes, a clínica que fará as castrações pode estar em um lugar bem distante da sua casa.

Na Modalidade comum, caracterizada por animais que permitem algum contato humano e que convivem com humanos dentro ou perto das residências, é outra burocracia e, todavia, os procedimentos são diferentes, pois a fila para o procedimento de castração é maior e o limite de animais é menor.

Para a Modalidade de grupos em situação de rua, é solicitada uma documentação básica, localização e descrição do local onde os animais vivem, assim como também o endereço do responsável pelos cuidados de castração e assinatura de alguns termos de responsabilidade. Algumas das solicitações, mesmo peculiar a essa modalidade, tiveram que ser adaptadas, pois como será visto, há fatores diversos e situações inesperadas que impossibilitam determinados procedimentos, principalmente devido aos comportamentos dos felinos.

É importante saber que, possivelmente, haverá filhotes no grupo e alguns adultos aos quais são mais difíceis de ser capturados, faz com que o processo se torne contínuo. Alguns profissionais estipulam o peso mínimo para castração, que é de dois quilos e a idade superior a 4 ou 9 meses. O peso mínimo e a idade podem variar conforme a clínica veterinária. Animais adultos debilitados ou com alguma doença específica também podem ser impossibilitados de realizar a cirurgia no momento. Por conseguinte, o processo pode ser pausado por alguns meses, até quando os filhotes ou adultos debilitados possam ter as condições mínimas à castração.

Ao passar do tempo, também novos indivíduos poderão ser aceitos no grupo, pois não se pode descartar a possibilidade dos novos indivíduos procriarem ou emprenhar alguma fêmea que ainda não esteja castrada. Isso, todavia, torna o trabalho um tanto complexo.

3 - EQUIPAMENTO DE SUPORTE

Antes de começar o processo, enquanto a documentação está sendo preparada, é hora de adquirir ou solicitar emprestado os equipamentos de suporte necessários. Uma leitura antecipada dos prováveis acontecimentos traz uma melhor visão no que diz respeito à aquisição dos materiais, evitando, desse modo, desperdícios financeiros e equipamentos que, por ventura, podem não ser utilizados. Interessante é não ser impulsivo para que você possa realizar pesquisas e adquirir objetos com melhor custo e qualidade. A economia na aquisição dos materiais pode prover recursos para castrar ainda mais animais ou aquisições de outros produtos.

3.1 - Caixas de transporte

As caixas de transporte podem ter duas utilidades, a principal será a de levar os gatos até a clínica e vice-versa e como meio de captura. É uma aquisição obrigatória para quem convive com cães e gatos, pois volta e meia é necessário transportar os animais, seja para passeios ou idas ao veterinário. Caso exista uma maior possibilidade de viagens de avião, é interessante investir em caixas de transportes com características específicas e aceitas pelo transporte aéreo.

Caso seja necessário comprar caixas novas, dê preferência para as que são fabricadas com a porta estilo guilhotina, porque elas oferecem mais vantagem que as outras no momento da captura, assim, como também melhores ao pegar os gatos nas gaiolas das clínicas, após a castração.

Figura 1 Caixa de transporte em forma de guilhotina

A quantidade de caixas de transportes dependerá da velocidade em que você deseja castrar os animais e, todavia, poderá ser entre 1 a 5 unidades. Este assunto será abordado mais adiante. Quanto ao tamanho da caixa de transporte em forma de guilhotina, ela deve ser baseada para que caiba os indivíduos maiores, lembrando que, filhotes com menos de dois quilos ou adultos debilitados não serão aceitos pela clínica. Logo, uma caixa de transporte pequena não terá grande serventia e, nesse caso, indico as caixas médias como as mais adequadas.

Uma técnica para transferir os gatos que estarão acordados e ariscos depois da anestesia, nas gaiolas da clínica, é enfiar a caixa de transporte de guilhotina dentro da gaiola da clínica, com a porta aberta e encurralar o gato contra o fundo da gaiola. Com as caixas de transporte de porta, que abre para os lados, não dá, porque vai ter que afastar da parede para fechar, devido ao vão da porta.

3.2 - Gaiolas de contenção

São gaiolas maiores para contenção no pós-operatório. Devem ter um tamanho que proporcione o acondicionamento de um pote de água e de ração, além de um espaço para colocar papelão e jornal para o gato deitar, além de deixar um pequeno espaço livre para que os gatos possam fazer as suas necessidades fisiológicas.

Normalmente, as gaiolas vêm com um aparador de fezes e urina embaixo, que facilita muito a limpeza dos dejetos. As caixas de transportes são muito pequenas e inadequadas para os gatos permanecerem por muito tempo.

As gaiolas podem ser adquiridas pela internet, emprestadas, compradas novas ou usadas em agropecuárias. Normalmente, as gaiolas utilizadas para transportar coelhos e porquinhos da índia (as de tamanho maior), sem repartições e com gradeado resistente, podem servir. Essas gaiolas ocupam mais espaço no carro, porém podem servir também para transportar os gatos, caso sejam muito arisco e a transferência deles para a caixa de transporte seja trabalhosa. Quanto à quantidade de gaiolas, segue a mesma recomendação da caixa de transporte, ou seja, entre 1 a 5 animais, conforme veremos adiante. Segue abaixo alguns modelos.

Figura 2 especial para gatos e cães de pequeno porte

Figura 3 normalmente encontrada nas clínicas veterinárias cubo de 50 cm

Figura 4 gaiola de coelhos

Figura 5 gaiola de contenção de porquinho da índia

Os valores encontrados em Brasília, em um orçamento feito em 2017, variavam entre R$ 60,00 a R$ 500,00 reais. Lembrando que as fêmeas ficam mais tempo em repouso, devido à cirurgia ser mais complexa, logo deverão ter prioridades, então, reserve a elas as maiores e melhores gaiolas.

As gaiolas de contenção podem ser desnecessárias para gatos domesticados e mansos, entretanto para gatos ariscos, a recomendo, porque talvez seja a única forma de deixá-los parados enquanto ocorre a cicatrização da cirurgia e, também, caso necessite de algum procedimento durante a recuperação. Caso estiverem soltos em um dos cômodos da casa, saiba que, para pegá-los, isso se torna algo trabalhoso e estressante para ambas as partes, principalmente porque pode resultar em várias mordidas e arranhões ao cuidador.

3.3 – Alimentação

A ração deve ser de melhor qualidade possível, potes limpos e água limpa. Os alimentos úmidos são bem-vindos e necessários, pois geralmente fazem com que eles comam mais rápido. Lembre-se que os gatos passaram por momentos hostis e, provavelmente, alguns podem estar tendo o primeiro contato com humanos nesse momento.

Para todos os animais, sejam os que estão abandonados, selvagens e até mesmo domesticados, a captura e o condicionamento em gaiolas, mesmo que seja para o bem deles, não é distinguível de uma ação predatória. Nesse momento eles sentirão ameaçados e provavelmente todos reagirão como se estivessem lutando em defesa da própria vida.

Para muitos, este poderá ser o único e o último contato humano, pois assim que forem novamente soltos, quando tentarmos capturá-los, novamente, requererá um esforço muito maior. Então trate com paciência e ofereça o melhor para que eles tenham uma recuperação rápida e segura. O animal ficará vulnerável após a cirurgia, porque a imunidade poderá baixar, principalmente no caso das fêmeas, proporcionando risco de manifestar doenças que, normalmente, não se manifestariam antes. Talvez seja a única vez na vida que eles receberão alguma atenção e cuidado. Para os gatos adotados e domesticados, tem alguém que zela por eles, para os que vivem em estado de rua, normalmente, não existe ninguém para apará-los.

3.4 – Acessórios

Conforme você vai adquirindo experiência com as capturas, castrações e cuidados, com o passar do tempo, o processo vai se tornando mais rápido. Porém alguns itens serão essenciais, como:

- Jornais: junte uma pilha de jornais, pois os jornais serão muito úteis.

- Papel higiênico: por ser descartável é mais prático e rápido utilizá-lo para sujidades.

45

- Papelão: para cobrir o chão das grades. Ideal para que os pés dos animais não fiquem entre as grades, dando-lhes melhor comodidade.

- Ventilação: caso o local seja quente, deverá ser arejado utilizando-se um ventilador sem que o conduza diretamente ao animal.

Cuidado com as janelas e portas. Somente deixe as janelas e portas abertas para ventilação, se os gatos estiverem completamente presos nas gaiolas. Jamais troque comida/água, remova os gatos para as caixas de transporte com janelas e portas abertas ou apenas encostadas. Não se engane, alguns deles ficam quietinhos no canto da gaiola, economizando energia para fugir, geralmente os mais quietos reagem com maior rapidez e agilidade.

- Panos: se o lugar tiver uma temperatura agradável, um papelão com jornal será suficiente e, neste caso, não precisará fazer usos de panos, pois estes sujam toda hora. Porém se o lugar tiver uma temperatura fria, recomenda-se utilizar alguns panos.

- Material de limpeza básico: água sanitária e desinfetante para lavar todas as gaiolas durante os intervalos das recuperações dos animais.

- Luvas: devem ser usadas para fins de proteção à saúde do cuidador, pois é um ato de higiene seguro, que deve ser utilizado durante as limpezas das gaiolas e junto a outros procedimentos. Portanto para evitar gastos, poderá utilizar as luvas de plástico usadas para pintar cabelo, porque além de elas custarem menos, ajudam bastante.

- Meias e luvas de proteção: dependendo das reações dos gatos, principalmente os mais bravos serão necessários usar luvas grossas. Caso não encontre luvas grossas e compridas, os pares de meias esportivas podem ser utilizadas como luvas para evitar arranhões e mordidas, principalmente na hora da captura e troca de alimentação. As meias ao serem colocadas nas mãos diminuem um pouco a movimentação dos dedos, mas é melhor do que sofrer mordidas ou arranhões. Elas são compridas e protegem os braços, ainda melhor será colocar mais do que um par de meias esportivas a fim de formar uma camada mais grossa e mais segura ao cuidador.

- Potes: utilizar tamanho pequeno, dois para cada gaiola de contenção e alguns para colocar o alimento úmido, que são também boas iscas no momento da captura.

- Roupas cirúrgicas e cones: as roupas cirúrgicas é um item obrigatório, se tens condições de comprar pode ser que o investimento seja válido. Variam entre R$ 20,00 a R$ 80,00 reais. A quantidade deve ser conforme quantos animais por vez serão levados à castração. É importante que os animais saiam da clínica vestidos com as roupas cirúrgicas, pois como eles estarão sob o efeito de sedação, isso, todavia, ajuda a vesti-los com mais tranquilidade. É provável que, depois de passar o efeito de sedação, alguns animais tirem as roupas ou fiquem com elas enroladas no corpo. Portanto para arrumá-las ou colocá-las novamente no corpo deles, será uma aventura que poderá resultar em vários arranhões e mordidas dolorosas. Às vezes não é possível manter as roupinhas se os animais estiverem muito assustados e/ou agressivos.

47

Nas fêmeas, o tamanho do corte e a área dos pontos são maiores do que nos machos. Elas precisam maior atenção, por isso é interessante informar à clínica que são gatos em situação de rua e, todavia, necessitam de pontos reforçados e que depois caem sozinhos (absorvidos pelo organismo). Caso tirem as roupinhas e não seja possível colocá-las, o jeito é ficar observando de tempos em tempos se eles estão puxando os pontos.

As reações são diversas, muitas vezes os gatos ficam quietos no canto da gaiola e passam o período todo assim "economizando energia" para quando houver alguma oportunidade usá-la para fuga, morder e arranhar. Em algumas situações o não agir é mais eficiente do que o agir, pois os animais podem se debaterem nas gaiolas quando for vestir as roupas neles e, todavia, abrir os pontos. Em alguns casos será melhor deixá-los sem interferência, somente observando-os, porque isso resultará em uma recuperação e cicatrização mais eficiente. Quanto às fêmeas, o cuidado deve ser maior, uma vez que é mais fácil elas puxarem os pontos e deixar a mostra o interior do corpo.

As roupas podem ser feitas em casa com camisetas pequenas. Algumas podem ser feitas com pedaços de meia calça e são interessantes pelo fato de se adaptarem aos tamanhos dos gatos devido à elasticidade.

Quanto aos cones, é bom lembrar que estes são sempre um problema, pois os animais têm dificuldades para usá-los, fazendo muitas algazarras nas gaiolas

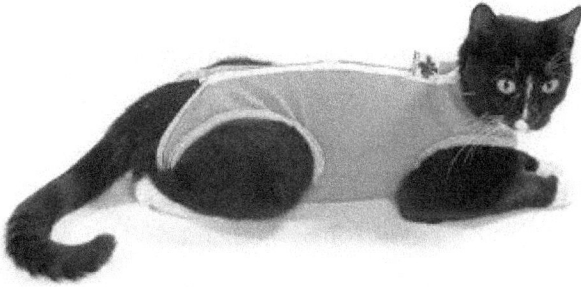

Figura 6 Roupa tradicional. Preços variam muito entre, R$ 20,00 a R$ 80,00 reais. Muitas vezes, os gatos tiram ou ficam enrolados.

Não esqueça de entregar as roupas cirúrgicas na clínica no dia da castração para virem de roupa. Depois dos animais acordarem da sedação, na maioria dos casos, fica complicado colocar.

4 - LOCAL PARA PÓS-CIRURGIA

Há duas possibilidades, a primeira consiste em pagar uma diária em uma clínica, que cobra geralmente entre R$ 50,00 a 200,00 reais a diária, por cada gato. Lembrando que uma fêmea poderá ficar internada entre 5 a 7 dias. Totalizando os gastos entre R$ 350,00 a 1.400,00 reais, por cada gato. O fato de pagar caro, não garantirá que será a melhor opção.

A segunda, a qual eu recomendo, é a recuperação em casa, ou na casa de alguém de confiança, que esteja também participando do processo. Um quarto ou banheiro desocupado poderá ser útil, embora seja ideal um cômodo vazio, sem móveis (para que os gatos não possam pular) e com uma devida limpeza à base de água sanitária, que deverá ser feita, anteriormente. No meu caso, usei as duas opções e, todavia, relatarei adiante a minha experiência quanto à opção pela primeira, ou seja, a diária em uma clínica.

4-1 – Recuperação em clínicas

Quando fui pela primeira à clínica veterinária para castração, levei seis gatos, sendo cinco machos e uma fêmea. Os primeiros gatos que conseguimos levar, normalmente são os mais fáceis de capturar e menos ariscos, deixando assim os mais complicados para o final. Alguns gatos simplesmente podem não ser possível de capturá-los. Digo isso, porque tem um gato que convive na varanda da minha casa que nunca consegui pegá-lo. Dei-lhe o nome de Wiskas e, até hoje, quando passo a menos de meio metro dele, acho incrível como ele foge de mim; inclusive, ele escapa de todas as engenhocas que inventei para tentar capturá-lo.

Voltando à história, a primeira vez em que fui à clínica levei seis gatos e, ainda, sem experiência alguma. O prazo que eu tive de cumprir, para as castrações, foi de apenas dois meses, o que, sem exagero algum, levou-me a uma situação estressante, por isso levei seis em uma só vez.

A recuperação pós-cirúrgica foi acertada em outra clínica, no mesmo bairro da clínica conveniada à castração. O desconto oferecido foi atraente e, portanto, cabia no nosso orçamento e também atraente para a clínica, pois a quantidade de 30 gatos, multiplicado pela quantidade das diárias, renderia um bom dinheiro à clínica.

Perfeito! O valor acertado foi de R$ 30,00 reais a diária, dinheiro arrecadado, anteriormente. Deixei os gatos na clínica para castração às 9 horas da manhã e eles seriam retirados às 17 horas. Após as castrações, tudo muito fácil e confortável, sem trabalho nenhum com o pós-operatório. O cuidado de limpeza, a alimentação e o pior, dar os medicamentos aos gatos, tudo terceirizado, nas mãos de profissionais capacitados e com experiência. Os gatos fizeram a cirurgia numa sexta-feira e, no domingo seguinte, solicitei uma visita à clínica, para vê-los a fim de saber como eles estavam. Foi aí que começaram as surpresas.

O local não era na clínica, pois, segundo a veterinária, havia um local "especial", exclusivo para repouso e recuperação de animais, pois, desse modo, eles não correriam o risco de pegar doenças provindas de outros animais.

Quando liguei à veterinária, eles demoraram um pouco para confirmar a visita, mas depois a marcaram para mim. O local era um pouco afastado da clínica, em um bairro vizinho. Lembro-me que a minha filha estava prestando provas do ENEM e, por coincidência, ela faria as provas no mesmo bairro. A minha esposa e eu fomos de carro pegar a nossa filha e passar no local "especial", para que eu pudesse visitar os gatos.

Quando chegamos ao local vimos que não havia nada de especial, era uma casa comum de dois andares, num terreno pequeno, com uma garagem na beira da calçada a qual era de uma casa meio adaptada a fim de passar por um estabelecimento comercial.

Após tocar a campainha e ser atendido, veio logo um cheiro de urina e fezes nas minhas narinas. Era uma garagem abafada, o chão pelo menos era de piso, com algumas baias abertas que foram construídas apenas com dois muros pequenos e sem portas para dividir os animais. Viam-se ali alguns cães amarrados nas coleiras e algumas gaiolas de contenção nos cantos.

Percebi que cães e gatos estavam dormindo em cima das fezes, alguns potes de ração virados, fezes nos potes de ração e dentro da água. E lá, num canto, estava a minha cambadinha ocupando cinco gaiolas imundas. Não deu para acreditar, pois as gaiolas estavam uma em cima da outra. Provavelmente, tiraram do carro e colocaram uma por cima da outra e, por ali, ficou. Algumas gaiolas não tinham contenção de fezes e urinas, ou seja, defecavam e urinavam um por cima do outro. Talvez não houvesse gaiolas suficientes para todos, porque logo vi que eles haviam colocado uma fêmea junto a um macho, ou seja, o risco era bem alto de eles brigarem e arrebentarem os pontos. Além disso, os animais não estavam com roupas pós-cirúrgicas e, muito provavelmente, não os haviam medicado, apesar de que isso fazia parte do contrato. Quando questionei sobre a questão de os animais não estarem com as roupas pós-cirúrgicas, eles responderam que elas haviam caído. Perguntei onde as roupas estavam e eles não conseguiram encontrá-las, dizendo que, provavelmente, elas estariam na outra clínica. Havia vários animais com todo e qualquer tipo de doença, ali, naquele ambiente.

Não pensei duas vezes, pois precisava tirar, urgentemente, os animais dali. Como a maioria era gatos machos, pensei: "o ambiente da rua, provavelmente, seria melhor para os gatos do que deixá-los ali, naquele local onde as sujidades e contaminação estavam confinadas e iminentes a prejudicá-los na recuperação".

A minha sorte foi que as caixas de transporte ainda estavam no meu carro. A logística precisava ser revista urgentemente e naquele momento. Como eu não havia preparado nenhum cômodo na minha casa ou em outro lugar para acolhê-los após a cirurgia, por falta de experiência, aceitei a sugestão de uma amiga em transferir os gatos para outra clínica que ficava mais próxima de minha casa e que, segundo ela, era de confiança, embora as diárias fossem bem mais elevadas.

Assim, aconteceu, novamente, todo o trabalho de transferência dos gatos pré-operados, que já se encontravam ariscos, para as caixas de transporte, a fim de remanejá-los à outra clínica. Eles me cobraram uma taxa de R$ 360,00 no ato em que eu retirei os gatos, cujo valor, paguei com extremo mau gosto devido à precariedade e falta de estrutura daquele local, onde eles colocavam em risco todos os gatos. Como se esse prejuízo não bastasse, tive, novamente, que comprar os medicamentos e as roupas pós-cirúrgicas, pois diante de tudo aquilo, os medicamentos, as receitas e as roupinhas foram perdidos pela clínica, que depois de duas semanas, consegui recuperar pelo menos os medicamentos. As receitas e as roupinhas, até hoje, eles nunca acharam e sequer preocuparam em ressarcir o valor, o que seria justo, quando se trata de uma clínica séria que dá respaldo a sua clientela.

Eu, todavia, não deveria ter pagado a esta clínica, pois os serviços aos quais contratei foram péssimos; mas no momento, o desejo de se livrar e sumir daquele lugar falou mais forte, então, paguei e transportei os gatos para a outra clínica que foi indicada pela minha amiga.

A outra clínica era mais organizada, mais perto de casa e, finalmente, o problema parecia que estava resolvido. No outro dia, pela manhã, fui visitar os gatos e, ao perceber que estava na hora de dar os remédios, fiquei mais um pouco para observar como eles os medicavam.

Notei que eles estavam protelando o momento de medicá-los, supostamente esperando que eu fosse embora. Então, eu pedi para que eles os medicassem, aí veio à surpresa, quando eles disseram para mim que não dava para medicar, ou seja, dar os comprimidos aos gatos de rua, justificando que eles eram ariscos e, todavia, muito agressivos. Perguntei como eles faziam e eles voltaram a afirmar que aos gatos mais agressivos não dariam medicamento algum. Então, a minha suspeita realmente foi confirmada, quando descobri que eles não davam os remédios em gatos ariscos, simplesmente os deixavam lá na baia e colocavam somente comida e água para eles. Sugeri que eles os medicassem por meio de injeção, já que por meio de comprimidos não conseguiam, logo vieram dois funcionários junto à veterinária.

Assim que eles abriram a primeira baia e um dos funcionários, estando com uma forca nas mãos, tentava laçar o gato que se debatia pela grade toda, chegando a voar até em cima da grade. Foram várias tentativas, até que conseguiram colocar a forca no pescoço do bichano e, mesmo assim, ele se debatia como um peixe que acabava de ser fisgado, fazendo constante barulho de quando está se sentindo sufocado.

Lembrei-me dos pontos e pensei: "se fosse uma fêmea, os pontos já haviam sidos abertos, todos!" Depois de algum tempo de terror, jogaram uma toalha para cobrir o gato e os dois ficaram segurando-o. A veterinária, sem ângulo de visão algum, tentava dar aplicar a injeção, sem que conseguisse colocar os braços na baia. Enquanto isso, o gato fazia um barulho estranho como se mal conseguisse respirar, até quando a veterinária conseguiu o atento, dizendo que ainda faltava outra injeção, porque eram duas, ou seja, uma para infecção e outra para a dor.

Foi então aí que eu entendi que, realmente, o tratamento pós-cirúrgico era a pior parte de todo aquele processo, pois era um tanto dificultoso medicá-los, principalmente aos gatos que eram muito ariscos. Portanto, se os deixarem quietos na baia, o processo de cicatrização poderá ter um resultado melhor, mais garantido, ao invés de tentar forçá-los à medicação e correr o risco de eles se debaterem e abrir os pontos.

Alguns gatos são impossíveis, pois somente ao se aproximar deles, já começam a atacar, se debatendo com toda força na grade da gaiola. Se os ajudantes e técnicos não usarem as luvas, certamente, sofrerão mordeduras e arranhamentos.

Na clínica de castração conveniada, alguns veterinários, ajudantes e técnicos, estavam com marcas de mordidas e arranhões, pois não estavam acostumados a castrar gatos em situação de rua e, ainda mais, agressivos. A maioria deles passou por treinamentos e, todavia, têm experiências em cuidar de gatos mansos (ou domesticados), que permitem o contato humano.

Existem várias técnicas para pegar os gatos e medicá-los, como, por exemplo, segurá-los por detrás do pescoço, mas essa técnica nem sempre funciona para todos os gatos, pois mesmo segurando no pescoço eles não desistem, lutam em prol de sua defesa, como se estivessem sentido ameaçados por um predador.

É claro que em outros lugares possam existir profissionais mais preparados e com equipamentos mais específicos e eficientes, porém a maioria das clínicas está acostumada com gatos domesticados ou semidomesticados. Para amansar gatos em estado de rua, ou tentar fazer uma semidomesticação leva muito tempo, demanda de atenção diária e poderá demorar vários meses, tempo que, provavelmente, eles estarão procriando.

Outra opção é colocar o remédio esmagado na comida, naqueles sachês de alimento úmido, mas em nenhum dos casos não se obtém sucesso, pois os gatos têm um paladar muito apurado e separam ou não comem a comida contendo o remédio.

Pesquisei na internet buscando outra opção, ou seja, a questão de aplicar os medicamentos com o uso de dardos, uma técnica que não tentei, embora pudesse ser bem-sucedida, principalmente na captura, mas o fato de ter que sedar um animal toda vez que for tomar um simples medicamento, para mim, não parece ser uma opção muito saudável. A melhor opção que vejo no momento é o uso de um antibiótico e um analgésico de longa duração, aplicado após a cirurgia.

Entre as trinta castrações realizadas, infelizmente, alguns gatos tiveram apenas a dose da pós-cirurgia, quando foram sedados.

Quando um gato arisco for sedado, talvez seja a última oportunidade de fazer o que deve ser feito, como aplicar antibiótico de maior duração, analgésico contra a dor, roupa cirúrgica, marcação da castração (...), ou seja, faça tudo, peça para fazer tudo, não perca tempo, pois antes de acabar o efeito da sedação, alguns gatos logo ficarão agitados.

Em resumo, há um risco de pagar caro em clínicas quanto ao cuidado pós-cirúrgico se o procedimento for apenas para o animal ficar dentro de uma gaiola, como se fosse uma caixa colocada dentro de um mero depósito. Muitos proprietários de clínicas não supervisionam ou são coniventes com os funcionários que, infelizmente, não cumprem as responsabilidades básicas que são inerentes ao serviço, principalmente à noite. Boa parte são pessoas que não estão nem aí aos animais, só pensam em passar o tempo a fim de receber o salário, pois parece que tem preguiça até mesmo de colocar comida e água adequadamente aos animais enfermos e em recuperação. Muitos somente disfarçam, colocando comida e água nas gaiolas, apenas quando estão deixando o plantão. É claro que nem todos agem desse modo, mas é algo bem comum. No momento em que os animais mais precisam de atenção, por terem passado por uma cirurgia, algo bem invasivo e incomum à natureza deles, não deveriam, portanto, receber nenhum desprezo e, por ironia, estão pagando caro por isso devido à falta de consciência de algumas pessoas que atuam nesse ramo.

4.2 – Recuperação em casa

Acabei concluindo que é muito mais econômico e seguro fazer a recuperação pós-cirúrgica dos animais, em casa, pois para comprar uma baia se gasta basicamente o valor que se paga por 1 gato internado durante três dias na clínica. E, na maioria das vezes, o que é feito na clínica nada mais que apenas tirar os dejetos e colocar água e comida aos animais (quando fazem), assim como também os medicamentos, dando apenas aos gatos mansos, domesticados. Se cuidados resumem nisso, eu, embora com pouca experiência, assumi fazer isso em casa, principalmente quando os gatos são mansos, o que se torna mais fácil quanto aos procedimentos medicamentosos.

Existem analgésicos e antibióticos cujos efeitos são de longa duração, mas os preços apresentados foram inviáveis. Os com valores mais baixos são os normais de pouca duração. Desconfie quando a clínica oferecer analgésicos ou antibióticos com efeitos de longa duração cujos preços são comuns. É claro que, ao passar do tempo, poderá aparecer no mercado outras opções realmente mais baratas, pois a diferença de preço apresentada ao orçamento foi muito grande, variando entre R$ 20,00, o medicamento comum, para R$ 900,00, o de longa duração.

O local em casa, como já foi discutido, anteriormente, pode ser um quarto, um banheiro, uma garagem, uma área externa coberta e, isso, obviamente, dependerá da quantidade de gatos a ser atendidos em cada etapa. Os animais devem ser abrigados em lugares que não há chuva ou vento, estando em um ambiente arejado. Se o ambiente for muito quente, pode e deve providenciar um ventilador sem que o conduza diretamente ao animal, conforme já foi instruído. O lugar deve ser de preferência com piso, para melhor limpeza e, como já falamos, deve ser lavado anteriormente com água sanitária. Portas e janelas que fecham completamente, pois qualquer abertura poderá ser explorada pelos gatos e causar motivos de fuga. Ideal é não ter móveis, pois caso os gatos fujam da baia, os moveis atrapalham para pegá-los. Caso resolva deixá-los soltos no quarto, saiba, pois, que os móveis estimulam os gatos a ficarem pulando, correndo, o que possibilitará o risco de abrir os pontos.

5 - TRANSPORTE

O transporte deve ser o mais prático e rápido, pois os gatos ficam estressados nas caixas de transporte e, quanto maior o tempo, maior o estresse, o que dará mais chances de os gatos fazerem as necessidades fisiológicas, podendo sujar, também, o interior do carro. Muitas clínicas recomendam que o gato fique 8, 12, 24 horas, sem comer nada, antes da castração, mas ao se tratar de um processo voltado a gatos em estado de rua, é bem estressante ao ter que mantê-los 24 horas sem comer nada, preso numa gaiola, em casa, antes da castração, pois eles ficam desesperados, se debatendo e fazendo barulhos agonizantes.

É recomendado um carro para que este fique à disposição para levar os animais pela manhã e buscar no final do dia. Há casos em que o processo de captura acontece de forma rápido, quando os gatos são pegos pela manhã e levados na mesma hora à clínica, este, todavia, seria o padrão ideal. Porém em alguns casos, tem que começar alguns dias antes, caso a cirurgia não tenha flexibilidade de dia/hora. Infelizmente, ocorrerá o fato de ter dias que não se conseguirá pegar nenhum gato em estado de rua e, portanto, perderá o dia em que estava reservado na clínica para o procedimento de castração. E se deixar para capturar os gatos pela manhã do dia em que terá que levá-los para a cirurgia, poderá não dar tempo, pois muitas clínicas recebem animais antes das 10 ou 9 horas. Por isso, é interessante perguntar se a clínica pode ser flexível, ou seja, o dia em que conseguir pegá-los, levá-los direto, nem que seja apenas um gato.

Capturou, esteja tudo preparado para ir, vai logo e direto para clínica. Há muitas variáveis no meio do caminho. Tentativas de fugas, barulho, fazem necessidades, desespero do gato confinado.

Ao conversar com os profissionais da clínica, explique a situação para deixar os dias livres e horários flexíveis pela manhã, pois, desse modo, ao conseguir capturar um gato que seja difícil, leve-o, imediatamente, para que ele seja submetido ao processo. Pode também optar em reservar este gato na gaiola, no lugar apropriado a ele até juntar a outros gatos que, aos poucos, serão capturados nos próximos dias, embora essa técnica seja arriscada, porque não há garantia de que no outro dia consiga pegar mais gatos, pois eles poderão fugir no ato da captura. Os gatos em situação de rua, quando são confinados, podem fazer muito barulho, debater muito nas gaiolas ou nas caixa de transporte, além de urinarem e defecarem fora da caixinha de areia. Eles sempre tentam abrir as gaiolas e, às vezes, conseguem fugir de forma que é bem difícil acreditar, causando muito estresse e trabalho para quem está envolvido nesse processo.

O carro deve receber uma lona no banco traseiro e no porta-malas e, todavia, é interessante retirar a tampa do porta-malas para melhor ventilação e manuseio com as caixinhas. É sempre bom levar um ajudante, principalmente quando for levar mais de dois gatos. Ao chegar à clínica, nem sempre é atendido na mesma hora, e, como pode não ter local para estacionar, além de ter que esperar para preencher fichas, muitos animais na sala de espera, principalmente cães.

Um ajudante alivia bastante ao compartilhar essa experiência, pois ajuda a tornar o processo menos estressante.

Quanto ao retorno pós-cirúrgico, esse momento é mais tranquilo, porque os gatos ainda podem estar sob o efeito da sedação. É comum que eles fiquem imóveis, ocorram vômitos e urinem; portanto, se isso acontecer, leve-os direito para o local de recuperação, evite compromissos no meio do caminho, pois quanto maior a demora, mas acordados eles ficarão, o que dificultará a transposição deles da caixa de transporte para as gaiolas de recuperação.

Atenção as caixinhas de transporte, certifique que estão bem fechadas, para garantir trave com fita ou esparadrapo. Ninguém merece um gato arisco solto dentro do carro.

6 – A QUANTIDADE E O TEMPO DE RECUPERAÇÃO

A quantidade de gatos para castrar foi de trinta animais, sendo quinze machos e quinze fêmeas e, isso, todavia, ocorreu em um prazo curto de dois meses.

Quanto ao tempo mínimo de recuperação, este é determinado pela clínica veterinária e poderá variar, dependendo do tipo de cirurgia e dos medicamentos. Um gato dá trabalho e, portanto, este trabalho vai sendo multiplicado conforme a quantidade desses animais.

A quantidade pode ser de um e, no máximo, quatro, dois ou três, sendo esta quantidade a ideal para que depois da cirurgia eles possam ficar numa casa, sob os cuidados de quem está acompanhando o processo, ao qual denominamos de "cuidador". Embora possa parecer poucos gatos, mas este é um trabalho muito desgastante.

Segue abaixo alguns incômodos.

- Dejetos frequentes: urina e fezes para limpar entre duas a cinco vezes por dia. Essa é a parte mais trabalhosa, mas tem que fazer bem feito a fim de evitar o mau cheiro pela casa.

- Barulhos: alguns gatos ficam irritados quando estão confinados e fazem barulho constantemente.

- Troca de água e comida: é comum que os animais virem os potes tanto de comida como o de água, por isso é bom observá-los a cada duas horas. Deixar água e comida à vontade. Quanto aos alimentos úmidos, não deixar por muito tempo em temperatura ambiente, pois estragam; por isso é aconselhável que, após, aproximadamente 30 minutos, deva recolher e limpar o pote.

- Fugas: ao trocar a comida ou a água certifique antes se está tudo fechado, inclusive revise as gaiolas a fim de evitar que o gato fuja.

- Roupas de cirurgia: Pode acontecer de eles tirarem, dê maior atenção às fêmeas. Se for gato arisco, será complicado arrumá-lo. Cones, provavelmente, não darão certos para que eles usem dentro da gaiola.

- Medicamentos: até para os felinos bem domesticados, costumados a conviverem com humanos dentro das residências, é complicado dar comprimidos 2x a 3x ao dia, imagine gatos em situação de rua cujos são totalmente agressivos. Os veterinários geralmente pedem para dar um, dois ou até três tipos de medicamentos de 2x a 3x por dia, ou seja, 9 comprimidos por dia. Isso nos leva apensar que, às vezes, parece que eles nunca trabalharam com gatos em situação de rua, pois ao dar um comprimido a eles é difícil, imagine 9 por dia.

O spray externo direto nos pontos de cirurgia é importante, pois, às vezes, é a única medicação "fácil" para dar a eles, isso é, ainda que haja bastante dificuldade.

- Familiares: filhos, sobrinhos, tios, parentes, pessoas que convivem na casa em que os gatos estão se recuperando, às vezes começam a ficar estressadas com a presença temporária deles.

O tempo de duração aos cuidados pós-cirurgia de gatos em situação de rua pode ser divido em: o tempo ideal, médio e o mínimo, dentro do possível e praticável.

O tempo grande: é aquele que fica até a retirada dos pontos, pois depois que os gatos são soltos, ninguém merece passar por todo o trabalho novamente para capturar e retirar os pontos. Algumas clínicas pedem o prazo de até 15 dias.

O tempo médio: é aquele que pode ser solto, com os pontos. Aos machos 5 dias e às fêmeas de 7 a 8 dias. Porém é aconselhável observar os pontos antes de soltá-los.

O tempo mínimo: é um caso de exceção, por exemplo, aconteceu dois casos. Devido ao confinamento, os gatos não estavam comendo nada e, constantemente emitindo barulhos, mesmo depois de removidos das gaiolas e soltos no quarto apropriado a eles, demonstrando um total desespero. Isso aconteceu com dois animais que estavam sob os meus cuidados, sorte que eram machos e, todavia, tive que soltá-los com apenas três dias de recuperação.

Para macho, três dias pós-cirúrgico e para fêmea não sei dizer exatamente, mas arrisco ao afirmar que seja uns cinco dias. Atenção: somente faça isso no caso de os gatos não estiverem comendo e denotar estresse na maior parte do tempo. É importante entender que, em alguns casos, os gatos podem ficar em depressão, muito nervosos e começam a definhar rapidamente após a cirurgia. Portanto ao ficarem cinco dias sem comer nada, isso já compromete a saúde do animal. Também há casos em que os gatos se sentem ser cuidados e acabam mais tarde voltando para a frente de sua casa, pois, provavelmente, foi a única vez que ganharam alguma atenção, mesmo passando por situações indesejadas, como, por exemplo, a captura, o confinamento, o transporte e a cirurgia. A menor quantidade de gatos num ambiente facilita prolongar o tempo para a recuperação deles com maior qualidade.

É importante fazer um intervalo entre as castrações para quem cuida, pois o trabalho é desgastante tanto físico quanto mentalmente. A pessoa pode ficar desmotivada e desistir de dar continuidade aos trabalhos, mas, para isso, tenho o remédio de ânimo, ao afirmar que *"é preferível o feito de que ficar sonhando com o perfeito"*. Portanto, é preferível castrar um ou dois gatos por mês, do que desejar castrar vinte e se desmotivar no meio do caminho para nunca mais querer realizar esse trabalho. Se tiver outros gatos na residência, a situação complica, porque os outros gatos podem ficar estressados, querendo fugir e ficar marcando território, ou seja, urinando pela casa toda.

Solicitar fios cirúrgicos que se decompõem, são mais caros, mas fazem toda a diferença. Não vai precisar levar os gatos novamente na clínica para retirada dos pontos.

7 – IDENTIFICAÇÃO DE CASTRAÇÃO

Existem alguns métodos como: raspagem de um local da pelagem, coleirinhas, chips de identificação e corte na orelha.

A raspagem da pelagem não impede que, no futuro, outro protetor venha a levar o animal novamente para castração, por engano e, principalmente, quando tratar-se de fêmea, a clínica veterinária somente identificará que ela foi castrada depois de abri-la novamente.

A coleirinha tem o mesmo problema, pois com o tempo vai desgastar e cair. Há outro perigo muito pior envolvido, os gatos podem ficar presos encalhados em cercas de arame farpado ou em galhos de alguma árvore e, todavia, podem acabar morrendo lentamente.

Os chips de identificação (microchip para cães e gatos) inseridos no animal são a melhor solução, porém isso se torna um pouco difícil porque a maioria das clinicas não está preparada para implantar nos animais essa tecnologia. Para quem não sabe, o microchip é um micro-circuito eletrônico, de tamanho aproximado a um grão de arroz, sendo assim possível implantá-lo sob a pele dos animais.

Na maioria das vezes as clínicas, apenas fazem um pequeno corte na orelha do animal, enquanto ele está sedado, sendo esta a única opção e, todavia, é uma identificação universal. O corte de orelha não é estético, uma vez que é considerado proibido a mutilação de animais para fins estéticos. O corte na orelha é um procedimento que evita que o animal seja novamente levado à clínica para fazer outra cirurgia desnecessariamente. Os machos são mais fáceis para serem identificados, porque são retirados deles os testículos.

É importante identificar o animal castrado que vive em situação de rua, pois, com o tempo, vão aparecer outros semelhantes a eles e, todavia, podem ser confundidos. Caso a clínica não esteja preparada para o procedimento de corte na orelha, insista, pois, provavelmente, faz parte das exigências dos programas de castração.

Na hora de preencher a ficha de identificação é solicitado o nome dos animais, que, provavelmente, não irão tê-lo. E devido à correria, pode ser que se esqueça de pensar sobre esse assunto, que, todavia, aconteceu comigo. A primeira vez que levei os seis gatos, em menos de um minuto fui obrigado a pensar em seis nomes para atribuir a eles. Alguns deles foram os personagens do Star Wars, Yoda, Lucky, Léia, Padmé.

Segue alguns nomes: Bolinha, Jane, Neve, Frajola, Barney, Mickey, Mãezinha, Marruá, Meg, Mel, Pretinho, Anakin, Wiskinha, Jac, Hórus, Marte, Badu, Xant, Jana.

Alguns desses gatos, não mais os vi; porém, espero que estejam em algum lugar bom. A maioria deles, pela manhã cedo e à noite aparecem na frente da minha casa, e alguns vivem, até mesmo, na nossa varanda.

69

8 – CAPTURA

É a parte mais trabalhosa, não tem uma forma padrão de capturar os gatos, porque isso depende muito de cada animal e do lugar em que ele esteja inserido. Dos trinta gatos capturados, aproximadamente dez já estavam semidomesticados e os outros vinte foram capturados de variadas formas e, algumas, até mesmo inesperadas. Confesso que, às vezes, dá vontade de desistir, pois as vezes nenhuma tentativa funciona e tem que cancelar a data agendada na clínica. Porém as soluções, muitas vezes, aparecem no próprio ambiente de captura. Portanto, segue abaixo algumas maneiras de capturar gatos em situação de rua.

1 – Caixa de transporte com alimento úmido:

Para atrair vários gatos, estende-se um plástico no chão ou em um pote de tamanho grande e dentro dele coloca alimento úmido, aqueles vendidos em sachês ou em lata. Para render a porção do alimento úmido, poderá misturar um pouco de ração. A caixa de transporte ou gaiola deve estar próxima, também com um pouco de alimento úmido dentro, porque servirá de isca.

Fique por perto, sentado ou abaixado por detrás da caixa de transporte em uma distância que seja possível fechar a porta rapidamente. Essa é a forma mais básica, embora ela não seja tão fácil, lembrando-se que filhotes que não podem ser levados devido ao peso/idade podem entrar e comer o alimento úmido. Outro problema é que depois de certo número de gatos já castrados, alguns deles entrarão também na caixa, complicando o processo, uma vez que eles podem tirar a vez dos que ainda não foram castrados.

2 – Gatoeira:

É uma gaiola especial em forma de armadilha, porém pode entrar nela gatos filhotes ou até mesmo os gatos que já foram castrados.

Esta gaiola ou armadilha desarma a todo instante. É uma estratégia interessante no início para pegar os gatos na colônia e, dependendo do local, pode armá-la e depois de algum tempo conferi-la; porém, como foi dito anteriormente, com o passar do tempo os agentes envolvidos no processo começam a ser os mesmos. Então, podemos apenas afirmar que essa gatoeira é mais eficiente para pegar gatos isolados numa área específica.

O sistema da gatoeira é simples, coloca-se uma isca no fundo da gaiola, que tem uma repartição de grade deslizante. Quando o gato coloca a pata na repartição, ela desarma, puxando um pino/gancho amarrado por um fio, fazendo com que a porta feche. O valor de uma gatoeira está em média de R$ 100,00 a R$ 300,00.

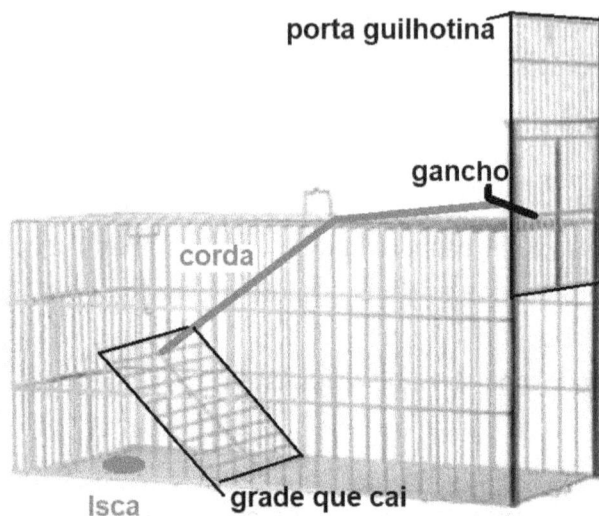

Figura 7 Gatoeira 1

Outro modelo de gatoeira.

Figura 8 Gatoeira 2

3 – Num cômodo da casa:

Caso os gatos costumam aparecer perto da entrada da casa, tente colocar alimento úmido e ração dentro do primeiro cômodo de entrada que, geralmente, é a sala. Certifique se as janelas e portas estejam fechadas e deixe a caixa de transporte nesse cômodo. Fique por detrás da porta e, quando algum gato entrar na sala, feche-a e o prenda lá. Depois que ele estiver preso no cômodo da casa, coloque as luvas para proteção e encontre alguma maneira de encurralá-lo a fim de colocá-lo para dentro da caixa de transporte.

4 – Dentro do carro:

Gatos são curiosos, um dia quando estava capturando eles, fiquei um pouco frustrado por apenas ter pegado um para levar à clínica. Quando olhei para o carro, notei que tinha deixado a porta aberta e um gato havia entrado. Fui devagar em direção ao carro e entrei, fechando os vidros rapidamente. Depois saí para pegar a caixa de transporte e me dei conta do desafio, pois para colocar um gato totalmente arisco dentro da caixa de transporte, trancado no carro com ele solto lá dentro, não foi tarefa fácil. Isso, todavia, levou algum tempo, pois o gato se enfiava por debaixo dos bancos. Outro dia, tentei usar o carro novamente como gatoeira, mas não tive sucesso. Qualquer meio para capturá-los, vale da criatividade ou muitas vezes das circunstâncias.

5 – Encurralando no terreno:

Levar os gatos para algum lugar sem saída e tentar encurralar em algum canto, geralmente embaixo de algum móvel, caixa, também pode dar bons resultados.

6 – Outras formas diversas:

Na internet existem muitas opções, uma delas é o puçá (Figura 9), compramos um, mas depois de utilizar a primeira vez, sem sucesso, toda vez que os gatos me viam de longe com esse treco na mão, saiam em disparada. Portanto, usá-lo, provavelmente, ocorrerá como única oportunidade.

Outra vez consegui pegar um gato meio doente, bem debilitado, sem muita força para correr. É uma aquisição que ajuda, mas não aconselho a investir se for muito caro. Quanto aos outros modelos abaixo (figura 10 e 11), estes eu não testei, mas pelo visto, são promissores pelo fato de pegar vários gatos ao mesmo tempo.

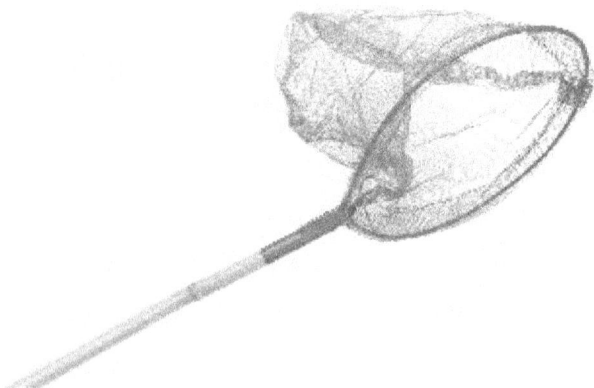

Figura 9 modelo 1

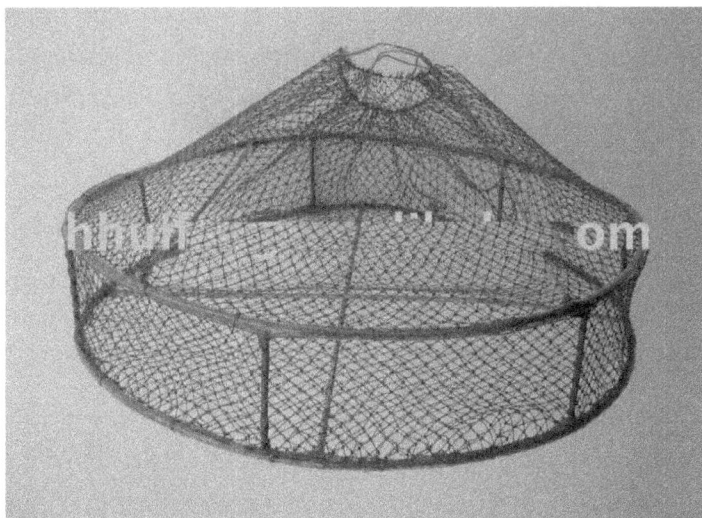

Figura 10 Modelo 2

Figura 11 Modelo 3

9 - VALORES EXTRAS À CASTRAÇÃO

Muitas clínicas entendem como castração apenas o procedimento cirúrgico veterinário, retirando todo o processo que envolve o antes e o depois. Alguns procedimentos e insumos podem ser excluídos dos valores, como: exames, diárias, fios de sutura especiais que se decompõem, antibióticos e analgésicos de longa duração. Também as roupas e cones e a identificação são todos exclusos do valor da castração e, somando tudo isso, pode chegar a um valor bem alto; por isso, é bom pedir as informações detalhadas antes do procedimento.

Às vezes, apenas a castração é barata, mais é porque cobram mais caro nos outros procedimentos que acompanham esse processo. Nos programas de castração pública, normalmente, é apenas o procedimento com a anestesia, portanto, o restante ficará por conta do responsável. Para animais braquicefálicos (focinho achatado) é utilizada a anestesia inalatória a qual é a mais cara e, geralmente, não é coberta pela iniciativa pública.

Para os animais em situação de rua, são necessárias algumas peculiaridades como, por exemplo, antibióticos e anestésicos de grande duração; fios de sutura, que caem sozinhos; identificação do animal castrado e uma maior atenção da equipe quanto ao contato com o animal.

O programa de castração pública pode não estar preparado ou não ter o conhecimento específico quanto a essas peculiaridades. Muitos veterinários parecem que nunca atenderam animais em situação de rua e, todavia, acabam dando orientações insuficientes aos funcionários públicos que são responsáveis pelo processo de castração. Infelizmente, poucas são as pessoas que investem ou cuidam dos animais em estado de rua, pois, normalmente, existe muito preconceito contra eles.

Na castração de animais em estado de rua, infelizmente quase todos eles terão como destino novamente a rua. É claro que ao colocar os animais novamente na rua, mediante a todos os perigos que os ameaçam, depois de eles terem passados por todo o processo, os cuidados e os investimentos, há uma possibilidade real de que todo o nosso trabalho tenha ido em vão, porque, obviamente, eles poderão ser mortos em pouco tempo, devido algumas circunstâncias. Isso, obviamente, nos deixa com certa frustração e tristeza. Aí, resta um desejo que fica somente no âmbito do pensamento: "quem dera ter lugar para todos!".

Felizmente, no meio do processo em que realizei, dois foram adotados, um macho adulto grande, que foi adotado pela funcionária da própria clínica conveniada e outro quando consegui uma vaga para ele naquelas gaiolas de adoção de clínicas. Os animais castrados têm maior aceitação quando vão para a adoção.

10 - PEDIDOS EXTERNOS PARA CASTRAÇÃO

É comum quando as pessoas ficam sabendo que alguém está fazendo castrações gratuitas através da iniciativa pública, pedir também para que castre o animal que é de seu convívio. Além de assinar um contrato proibindo esta prática, não é justo tirar a vaga de um animal abandonado, que não tem ninguém que olhe por ele, em prol de outro, que seja domesticado e que tem todo o amparo que necessita. Às vezes a pessoa que pede alguém para cadastrar o animal dele, mesmo tendo condições financeiras, é porque é acomodado ou acha desperdício de dinheiro ao ter que gastar com animais, pois tem a mentalidade antropocêntrica de que se deve apenas investir nas vaidades, futilidades e necessidades próprias.

É bom deixar claro que a castração é apenas para animais em situação de abandono e que, portanto, correm o risco de serem expulsos do programa de castração, caso levem animais tutelados. É importante compreender que a regra tem objetivo de coibir abusos. Não é difícil imaginar que alguém possa realizar o cadastramento em programas assim, a fim de obter ganhos financeiros, cobrando de terceiros pelas vagas cedidas gratuitamente. Pode acontecer que não consiga castrar todos da mesma colônia especifica e que, todavia, sobre algumas vagas, embora essas vagas possam ser devolvidas ou preenchidas por outros animais em situação de rua de outros locais, sempre colocando na frente os animais mais vulneráveis, aqueles que não têm ninguém que olhe por eles.

11 – BREVE HISTÓRIA DOS FELINOS

11.1 - A evolução dos gatos[7]

A história evolutiva dos felinos desafia os cientistas, pois há um relativo consenso de existir aproximadamente 37 espécies da família *Felidae*. No entanto, devido à semelhança, alguns cientistas dividem as espécies de felinos em apenas dois gêneros, e outros em até 23.

O sequenciamento genético é uma poderosa ferramenta para construir com maior precisão a árvore da família *Felidae*. Com o sequenciamento de DNA das espécies existentes e a datação de fósseis foi possível visualizar pela primeira vez como e quando colonizaram o planeta. De imediato, os estudos resultaram em 37 espécies distribuídas em oito grupos ou linhagem. Uma das linhagens é composta por grandes felinos que rugem (leão, tigre, leopardo, onça, leopardo-das-neves).

Para chegar perto do conhecimento sobre a ordem de seu aparecimento e a época, foi necessário ver a distribuição atual de cada espécie. Também estudar os vestígios paleontológicos, a distribuição de seus ancestrais e até a composição de depósitos sedimentares para verificar os níveis dos oceanos. Com os níveis mais baixos surgiam pontes entre os continentes e com os níveis mais altos ocorriam os isolamentos das espécies (diferenciando ao ponto de não

---

[7] *Stephen J. O`Brien e Warren E. Johnson, A Evolução dos Gatos. Disponível em: http://www2.uol.com.br/sciam/reportagens/a_evolucao_dos_gatos.html. Acessado em: 05/02/2019.*

serem mais capazes de se acasalarem). O afastamento reprodutivo caracteriza a especiação (surgimento de outra espécie).

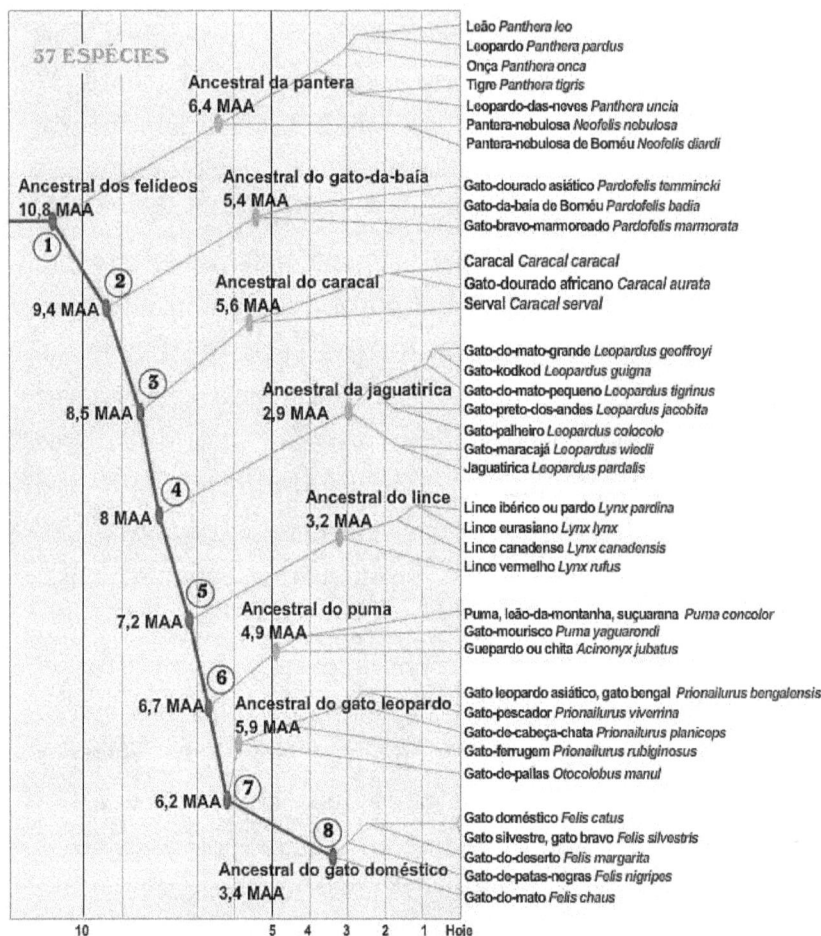

Figura 12: Fonte: https://netnature.wordpress.com/2011/09/08/as-consistentes-evidencias-da-evolucao-dos-felinos-e-a-domesticacao-dos-gatos/

As pesquisas moleculares recentes sugerem que todos os felinos modernos descendem de apenas uma das várias espécies de *Pseudaelurus* que viveram na Ásia há cerca de 11 milhões de anos.

O primeiro grupo se ramificou há aproximadamente 10,8 milhões de anos, produzindo a linhagem pantera (os grandes felinos rugidores e as duas espécies de panteras-nebulosas). A segunda divisão, cerca de 1,4 milhão de anos mais tarde, e também na Ásia, levou à linhagem do gato-da-baía. A separação seguinte formou a linhagem do caracal, cujos progenitores cruzaram a África entre 8 milhões e 10 milhões de anos atrás, participando da primeira migração intercontinental.

É natural dos felinos migrarem, porque o comportamento deles exige que se espalhem a cada geração. Quando chegam à adolescência os machos (e às vezes as fêmeas) são forçados a abandonar seu local de origem. São predadores que exploram novos espaços.

Quando os felinos rondavam da Ásia até a América do Norte, o nível dos oceanos voltou a subir, separando os continentes. Com o isolamento e as mudanças de habitats, novas espécies foram surgindo.

Entre 2 milhões e 3 milhões de anos atrás, uma nova era do gelo fez com que os oceanos recuassem e ligou novamente as Américas do Sul a do Norte. Alguns felinos migraram para o sul, onde encontraram um continente com espécies totalmente novas. A América do Sul permaneceu isolada das massas de terra do norte durante dezenas de milhões de anos, os felinos se tornaram predadores temíveis, substituindo quase todos os carnívoros da América do Sul.

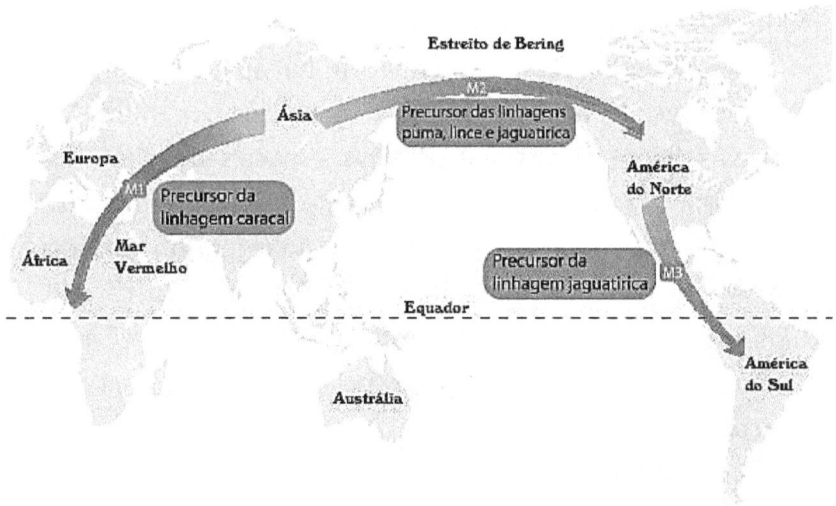

Após o degelo, um cataclismo dizimou 75% dos animais de grande porte na América do Norte (mamutes, mastodontes, lobos pré-históricos, poderosos ursos-de-cara-achatada, preguiças-gigantes, leões americanos, felinos dente-de-sabre). Os guepardos escaparam devido à migração de alguns para a Ásia. Os pumas encontraram refúgios na América do Sul e depois voltaram, porém outras espécies nunca retornaram.

As linhagens precursoras do gato leopardo e do gato doméstico também atravessaram a ponte de terra de Bering retornando para a Ásia. Como resultado, surgiu o gato leopardo asiático e também quatro pequenas espécies: gato leopardo indiano ou gato-ferrugem (encontrado na Índia), gato-de-pallas (Mongólia), gato-de-cabeça-chata, (Indonésia), e gato-pescador, (espalhado pela Ásia).

Ainda na Ásia, durante esse período, os grandes felinos rugidores da linhagem pantera se espalharam ainda mais. Tigres de 320 kg na Índia, Indochina, sudeste asiático e China e leopardos-das-neves no Himalaia. Os leões e as onças viajaram para a América do Norte durante o fim do Plioceno, entre 3 milhões e 4 milhões de anos atrás. Embora as extinções do Pleistoceno tenham eliminado ambas as espécies da América do Norte, as onças fugiram para a América do Sul e os leões encontraram na África um continente hospitaleiro.

Da natureza para nossa casa.

Tudo começou nas florestas e desertos próximos à bacia mediterrânea. Uma entre várias espécies pequenas de menos de 10 kg deu origem ao gato doméstico. Pode ter sido a espécie de gato-da-selva do leste asiático, do gato-do-deserto do oriente médio, o gato-de-patas-negras da África ... Um estudo de genética molecular feito por Carlos Driscoll, da University of Oxford, sugere que todos os gatos domésticos carregam uma assinatura genética compatível com a dos gatos selvagens de Israel e do leste próximo.

É possível afirmar que os gatos foram domesticados em diferentes ocasiões, todas entre 8 mil e 10 mil anos atrás, na região do Crescente Fértil (nordeste da África). Com o surgimento de pequenos povoados humanos agrícolas de trigo e cevada os gatos selvagens da região, atraídos pela quantidade de roedores, começaram a realizar uma troca interessante aos humanos. O número crescente de gatos selvagens já domesticados proliferou naturalmente convivendo com os humanos.

A migração dessas populações de gatos domésticos é resultado também das migrações humanas. A pé, por meio de vagões de trens e finalmente para os navios transoceânicos, espalhando os gatos domesticados pelo mundo.

Cerca de 600 milhões de gatos domésticos vivem hoje no planeta – praticamente a única espécie de felino que não é considerada ameaçada ou em perigo de extinção pelas organizações de preservação. Apesar de seu sucesso evolutivo, hoje, quase todas as espécies de felinos selvagens estão ameaçadas.

Distribuição de felinos no mundo:

EUROPA
Gato selvagem europeu
Lince ibérico

NORTE DA ÁSIA
Gato silvestre asiático
Lince eurasiano
Gato silvestre da China
Gato-de-pallas
Leopardo-das-neves

AMÉRICA DO NORTE
Lince vermelho
Lince canadense
Onça
Puma

ÁFRICA SUBSAARIANA
Gato-dourado africano
Leão africano
Gato silvestre africano
Gato-de-patas-negras
Caracal
Guepardo ou chita
Leopardo
Serval

ÁSIA TROPICAL
Gato-dourado asiático
Leão asiático
Gato-da-baía de Bornéu
Pantera-nebulosa de Bornéu
Pantera-nebulosa
Gato-pescador
Gato-de-cabeça-chata
Gato-da-selva
Leopardo
Gato leopardo
Gato-bravo-marmoreado
Gato-ferrugem
Gato-do-deserto
Tigre

AMÉRICA DO SUL
Gato-preto-dos-andes
Gato-do-mato-grande
Onça-pintada
Gato-mourisco
Gato-kodkod

Figura 14:
http://www2.uol.com.br/sciam/reportag
ens/a_evolucao_dos_gatos.html.
Foto ilustração por James Porto.

11.2 – A mística sobre os gatos domésticos

Entrando na parte mística, no Egito existe a Deusa Sekhme (Leoa) que se tornou uma forma mais amena, a Bastet (gato doméstico). Os gatos domesticados eram utilizados na agricultura porque eram predadores das pragas nos galpões em que armazenavam alimentos. O resultado foi tão positivo que o crescimento das populações se deve ao fato de conseguirem armazenar grandes quantidades de alimentos, tornando aos gatos domésticos na época um aliado muito importante.

Figura 15: https://www.mysticconvergence.com/large-bast-egyptian-cat-statue-9298

O escaravelho (representado no peito da Deusa Bastet) revirava a terra, tornando-a mais fértil. Bastet era também considerada protetora das mulheres, da maternidade, da cura e dos gatos e, como guardiã das casas, era vista como feroz defensora de seus filhos, representando o amor maternal. Os gatos eram reverenciados no Egito, a ponto de encontrarem tumbas com centenas de gatos mumificados[8].

8 MORRIS, Desmond. O Contrato Animal. Rio de Janeiro-RJ. Editora Record: 1990.

12 – PROTETOR DE ANIMAIS E ATIVISTA

Os protetores de animais são pessoas que dedicam parte de suas vidas em defesa dos outros animais.

Na visão superficial da sociedade, os protetores de animais estão relacionados aos "socorristas de cães e gatos". Pessoas que gostam de cães e gatos e possuem vários dentro de suas casas. Os animais são comprados ou adotados e, na maioria das vezes, é imposto o racismo, desejando pets de "raça pura". Na tentativa de transformar os animais na estética humana, muitos protetores utilizam sapatos, roupas, chapéus nos animais, e também adestram, ou seja, impõem a eles a razão humana de viver.

Aprofundando no contexto dos protetores de animais, podemos constatar que a maioria não aceita o comércio de animais e nem o racismo humano imposto. Os protetores de animais mais engajados sensibilizam as pessoas a não adotarem pelo critério de raça e recomendam a castração, devido à grande quantidade de cães e gatos abandonados.

Protetores de animais estão deixando, aos poucos, a imagem de "protetores de pets" e aumentando o raio de empatia aos outros animais, aderindo-se à linha vegana abolicionista (em prol da libertação de todos os animais explorados por humanos).

A linha vegana abolicionista é defendida como uma postura coerente que vem ganhando adeptos no meio do movimento de proteção animal. A sociedade começa a exigir critérios básicos para ser autointitular "Protetor de Animais".

Os seguintes critérios e mudanças de hábitos estão fazendo parte na vida dos protetores de animais: alimentação (não consumir animais); diversão (não frequentar locais de exploração, rodeios, vaquejadas, touradas, feiras de exposição, competições); vestuário (não usar pele ou penas); uso de cosméticos e produtos de limpeza (marcas que não testam em animais).

O ativista pelos animais é o protetor de animais e militante ativo pela causa. Para sustentar o seu trabalho voluntário, trabalha em outros setores para dar suporte a uma vida dedicada à defesa dos animais ou trabalha exclusivamente na causa.

O ativista participa de ações diretas, como, palestras, protestos, manifestações, desobediência civil, invasão de propriedades, boicote, ações pacíficas e também de afronta à lei, no sentido de uma mudança moral/social/política em prol da causa. Os ativistas ligados às ações diretas de desobediência civil são conhecidos, atualmente, pela sigla ALF - Frente de Libertação Animal.

Sensibilizar as pessoas para adotar um cotidiano em que evite a dor e a exploração dos animais é um dos principais objetivos do ativismo animal. A postura em relação aos animais é obviamente mais cobrada pela coerência, não é admitido para um ativista dos animais salvar baleias, cães e gatos e comer vacas, peixes e porcos.

13 – VEGETARIANISMO E VEGANISMO

Algumas fontes levam a existência do vegetarianismo há cerca de cinco milhões de anos ao ancestral Australopithecus Anamensis com a alimentação a base de frutas, folhas e sementes. Por volta de 3200 a.c., grupos religiosos adotaram o vegetarianismo no Egito. Há milênios, também, a cultura indiana, baseada no conceito da não violência, adota o vegetarianismo[9].

O vegetariano é a pessoa que consome vegetais e nenhum tipo de carne (nem branca, vermelha ou qualquer outra cor). No ocidente, antes do ano de 1847, o vegetarianismo era conhecido como "sistema de dieta vegetal ou dieta pitagórica". A formalização do termo foi no ano de 1847, por Joseph Brotherton, na inauguração da Sociedade Vegetariana, realizada na Inglaterra. A utilização de ovos e laticínios, apesar de não serem vegetais, não impedia de receber a denominação[6].

Com o tempo, foram chamados de **ovolactos** ou **ovolactovegetarianos** aqueles que consumiam laticínios e ovos; **lactovegetarianos,** aqueles que consumiam laticínios e **vegetarianos estritos** (ou puros), aqueles que não consumiam derivados de animais.

Outra dieta vegetariana estrita utiliza alimentos crus e aquecidos até 42ºC, chamada de **crudivorismo**. O **frugivorismo** é a dieta que consome os frutos e as frutas

---

[9] SLYWITCH, E. *Virei vegetariano e agora?* São Paulo: Alaúde Editorial, 2010.

propriamente, uma filosofia que evita violar a integridade do vegetal[6].

De acordo com os dados do Instituto Brasileiro de Opinião e Estatística, IBOPE,[10] no ano de 2012, 8% da população brasileira se identificou como vegetariana, cerca de 15,2 milhões de pessoas. Em Fortaleza, no Ceará, 14% da população afirma ser vegetariana, enquanto que, em Curitiba, no Paraná, são 11%. Em Brasília, Recife, em Pernambuco e na capital do Rio de Janeiro, cerca de 10% da população é vegetariana. De acordo com o senso do IBGE do ano de 2012, 8% da população brasileira afirmou ser vegetariana.

Em 2018, uma nova pesquisa do IBOPE[11] identifica que cerca de 14% dos brasileiros se declaram vegetarianos, um aumento de 6% (quase dobra em 6 anos). Considerando a estimativa oficial do IBGE sobre o total da população brasileira, são cerca de 29,2 milhões de vegetarianos.

É importante salientar que, apesar do senso comum distorcer o conceito, o consumo de leite e ovos não torna a pessoa vegetariana, pois se observarmos a lógica da palavra "vegetariana" vem de vegetais e definitivamente leite de vaca e ovos não são alimentos do reino vegetal. Muito menos o consumo de animais como peixes, camarões, mariscos.

O veganismo: No ano de 1851, vegetarianos, não apenas motivados pela saúde humana, mas por critérios de saúde para com os outros animais, começaram a abolir

---

[10] IBOPE, Dia Mundial do Vegetarianismo: 8% da população brasileira afirma ser adepta do estilo. 2012.
[11] https://www.vista-se.com.br/ibope-numero-de-vegetarianos-no-brasil-quase-dobra-em-6-anos-e-chega-a-29-milhoes-de-pessoas/

vestimentas de couro. Cem anos depois, em 1944, Donald e Dorothy Watson, ativistas britânicos, deixaram, por diferenças ideológicas, a Vegetarian Society (focada na alimentação saudável) e criaram a Vegan Society. Definiram o termo Vegan a partir da própria palavra Vegetarian (Veg*****an) e conceituaram como um estilo de vida ético/moral, que tenta excluir todas as formas possíveis e praticáveis de exploração aos outros animais[12].

Infelizmente, nem tudo são flores, pois no meio vegano, por mais estranho que pareça, existem alguns que desprezam a atenção e o cuidado para cães e gatos e não concordam em socorrer esses animais usando das mais diversas desculpas. Da mesma forma, não é incomum encontrar também veganos que desrespeitam os direitos humanos, excluindo, assim, os animais humanos da esfera da consideração ética/moral.

Parece que para defender os direitos humanos tem que excluir os direitos dos animais ou para defender os direitos dos outros animais tem que excluir os direitos humanos.

A linha filosófica abolicionista, criada pelos principais autores em prol do veganismo, não exclui os animais humanos e nem outro qualquer animal de qualquer espécie senciente existente. Por isso, considero o veganismo o movimento mais completo que existe, pois envolve todos os seres vivos sencientes, não sencientes e inanimados. Mas, assim como

---

[12] *MÜLLER B. Veganismo, vegetarianismo e protovegetarianismo: definições e concepções. 2010. Disponível em <http://sociedadevegana.org/artigos/veganismo-vegetarianismo-e-protovegetarianismo-definicoes-e-concepcoes/>. Acessado em 16 set. 2016.*

todo movimento digno de existir, não é invalidado por alguns que os distorcem.

14 – CARNÍVORO, ONÍVORO, CARNISTA E FALSO VEGETARIANO

Há confusão nos conceitos, a ponto de as pessoas, comumente, se declararem "carnívoras", por exemplo. Até no meio acadêmico, professores de pós-doutorado, na tentativa de desqualificar o veganismo, podem cometer um erro tão básico. Tal afirmação é um erro, porque seria lamentável para um humano não comer frutas, arroz, pão, pizza ou feijão. Apesar de defasada e antiga, quanto à classificação de ordens, humanos pertencem à ordem primata e não carnívora. As espécies que se alimentam principalmente ou exclusivamente de carne, ou dependem inteiramente da carne para a sua nutrição, são denominadas carnívoras. Onívora é uma nomenclatura de dieta. A espécie onívora pode consumir tanto alimento de origem animal quanto vegetal, não necessariamente junto. Carnismo ou carnista é um conceito criado com a intenção de desmistificar a ideia de que a espécie humana é naturalmente consumidora de animais. Joy define o carnismo como uma forma de consumir alimentos sem levar em conta os fatores éticos e ambientais em relação aos animais não humanos. O sistema carnista é um sistema de crenças invisíveis ou uma ideologia que condiciona as pessoas a comerem (certos) animais como algo natural, normal e necessário[13].

Falso vegetariano é o termo utilizado às pessoas que simpatizam com o vegetarianismo, muitas vezes se dizendo

---

[13] JOY, Melanie. *Por Que Amamos Cachorros, Comemos Porcos e Vestimos Vacas*. Cultrix, 2014.

vegetarianas, mas por algum motivo, consomem alimentos de origem animal, como, peixe, presunto, carnes brancas, ovos, leite e mel.

15 – GATOS PODEM RECEBER ALIMENTAÇÃO VEGETARIANA?

Há sempre a discussão sobre o assunto, pois para que seja fabricada a ração de origem animal, outros animais são mortos e triturados, muitos ainda bebês. Muitos veterinários, biólogos, protetores e até veganos apelam para a falácia do "sempre foi assim e sempre será", ou seja, "os gatos sempre foram carnívoros e sempre serão." Porém se observar com atenção a natureza, ela sempre demonstra o contrário, nem sempre foi assim e no futuro, provavelmente, será diferente. Uma das provas é o próprio reino animal que teve origem de seres vivos unicelulares no meio marinho. Que tipo de alimentação tinham esses seres unicelulares? E depois quando se tornaram multicelulares, peixes, anfíbios, insetos, répteis, aves, mamíferos? Outro exemplo mais recente em escala evolutiva/adaptativa é o urso Panda, que, apesar de ser da ordem carnívora, atualmente tem uma alimentação a base de vegetais (brotos de bambu).

Sempre foi assim e sempre será! É uma afirmação muito frágil para a ciência, pois a ciência ao contrário dos dogmas das religiões, aceita atualizações, quando novas evidências batem à porta. Muitas teorias em que os livros de ciências afirmaram antigamente, hoje, estão ultrapassadas e superadas por novos conceitos e, obviamente, no futuro, boa parte do que se sabe, poderá mudar.

Hipoteticamente se fosse realizado um registro de biologia por nossos ancestrais primatas arborícolas, iria constar como características da espécie humana: consumidores de folhas e nômades que vivem em cima das árvores. Imagine hoje se mais de 7 bilhões de humanos vivessem em cima das árvores? Sempre foi e sempre será?

Para quem deseja evitar, na medida do possível e praticável, causar sofrimento aos seres sencientes que convivem conosco no planeta, não é algo tranquilo de engolir o fato de respeitar e até amar uns, enquanto tritura outros para servir de ração.

Um dos mais esclarecedores textos sobre o assunto foi uma entrevista com médico veterinário e Diretor e Membro Emérito do Colégio Brasileiro de Nutrição Animal – CBNA Walter de Albuquerque Araújo, também Diretor Executivo da WS – Consultoria & Nutrição Científica S/C Ltda.

A entrevista pode ser resumida numa frase.

"Todos os seres vivos precisam necessariamente de nutrientes e não necessariamente de alimentos".

Se um alimento não tem os nutrientes peculiares às espécies que sejam necessárias para mantê-las vivas, não importa a origem do alimento, o organismo vai entrar em colapso e morrer. Agora se o alimento tem os nutrientes necessários específicos à espécie, não importa se é de origem vegetal ou animal, a vida vai se manter. É claro que deve ser levado em conta também fatores como a forma, a textura, o cheiro, o sabor, porque tudo isso faz parte do contexto alimentar.

A entrevista completa encontra-se no final do livro, na parte dos anexos.

16 – CONSIDERAÇÕES FINAIS

O processo de controle populacional de grupos de felinos (gatos) em situação de rua é bem diferenciado no que diz respeito ao controle de felinos domiciliados. É necessário um planejamento de equipamentos, logística, financeiro e demais procedimentos peculiares visando atender as exigências das características dos felinos em situação de rua. Ao decorrer do processo pode haver dificuldades: no acesso ao local, onde se encontra o grupo de felinos, com os moradores próximos, com a falta de interesse de possíveis apoiadores, a inexistência ou inadequados programas de castrações públicas.

Com toda a adversidade, a realização do trabalho é gratificante e não apenas benéfico ao animal, mas por consequência também da espécie humana, pois é um trabalho social preventivo que evita as doenças que podem passar dos outros animais aos humanos as quais são chamadas de zoonoses.

O trabalho de castração deve ser contínuo, pois novos indivíduos podem se integrar ao grupo. Nem sempre é possível castrar todo o grupo, pois alguns felinos podem estar com peso, idade e estado de saúde inapropriada aos procedimentos. Serão necessárias pausas no processo para atender aos casos específicos.

Apenas alimentá-los é parte do processo, a castração, a vacinação e os cuidados veterinários devem ser almejados até que se consiga fazer o possível.

O sofrimento de humanos e outros animais que bate na sua porta ou na vizinhança se igualam à dor de humanos e de outros animais a milhares de quilômetros. É também interessante ajudar nas proximidades onde mora, no bairro e na cidade, pois existe a vantagem de saber realmente para onde está sendo direcionada a ajuda, sem o perigo de intermediários que possam desviar as contribuições.

Infelizmente, é comum na área de ajuda humanitária ou de ajuda aos outros animais a má fé de pessoas que desviam principalmente recursos financeiros, ou seja, que exploram as vítimas se passando por ativistas dos direitos humanos e dos animais.

A desnecessária comparação a qual muitas pessoas fazem, sobre "ser errado" dispor de maior tempo e recursos para ajudar os animais do que aos humanos, parte sempre de uma má intenção, ou seja, de uma má fé que tenta destruir uma causa a qual despreza, pois não se satisfaz em simplesmente em não ajudar, deseja que ninguém a faça, para assim, não se sentir em nenhum momento a necessidade de expressar qualquer esforço no sentido de empatia, compaixão e bondade por determinada causa, algo que lhe falta.

Uma causa não anula nenhuma outra, ajude quantas for possível. Todo mundo é livre para desejar não ajudar nenhuma causa, ou apenas uma, ou duas, ou várias, mas nunca invalide ou desrespeite uma causa digna, apenas pelo fato de achar a sua mais importante. É desonesto e de mau caráter.

Mas se ainda desejar colocar na balança, o planeta Terra sem as abelhas ou sem os vegetais, por exemplo, seria um deserto, sem vida. O planeta Terra sem a espécie humana continuaria vivo e com uma maior biodiversidade, ou seja, não somos mais importantes que uma abelha ou que as plantas, nem com todos os deuses, almas, anjos, tecnologias, ciência e todas as criações da mente humana. Humanos possuem apenas características peculiares, assim também os outros seres as possuem. E pelo visto, as nossas características peculiares não são as mais importantes à existência da vida no planeta.

É importante também refletir sobre a consideração moral que se dá aos animais, será que apenas cães e gatos merecem respeito? Se for desnecessária, para humanos, a manutenção da vida de sua espécie, explorando os outros animais, por que aqueles que possuem informação suficiente ainda persistem em praticar e financiar a exploração e a matança dos outros animais?

A consideração moral deve ser estendida também para os animais que estão com suas vidas sendo exploradas e ceifadas nas fazendas, nos matadouros, granjas, mares, rios, lagos, aquários, gaiolas, arenas, quintais, circos, jaulas, laboratórios e tantos outros lugares e situações criados para explorá-los.

Se parou para pensar a respeito, ótimo, coloque agora como meta, parar de explorar os outros animais;
Se não pensou ainda a respeito, é hora de refletir;
Se está quase lá, pense no que falta;
Se chegou lá, parabéns!
Mas não deixe de refinar os seus pensamentos e as suas ações.

17 – SUGESTÕES: FILMES E DOCUMENTÁRIOS

Fonte: https://www.vista-se.com.br/docs/

18 – SUGESTÕES DE LIVROS

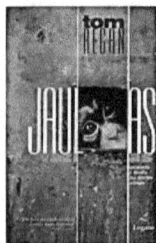

http://www.uniaolibertariaanimal.com/site
/index.php/variedades/artigos/82-10-
livros-para-se-aprofundar-nos-direitos-
animais-e-veganismo.html

19 – ANEXOS

ANEXO 1 - GATOS VEGETARIANOS: SERIA POSSÍVEL?

Autor(a): Walter de Albuquerque Araújo | Colaborador(es): Leila Bonfietti Lima | Cidade: Campinas | 24/06/2013 - 21:46

Muitos gateiros adotam o vegetarianismo como dieta e gostariam que seus bichanos o fizessem também. Mas será que é saudável? Confira opinião do especialista

Os pequenos predadores, como os gatos, quando caçam pequenos animais, como ratos e pássaros, os mastigam e ingerem integralmente. Como sabemos, o aparelho digestivo da presa sempre está repleto de vegetais, folhas e grãos, alguns já digeridos, outros ainda não. Essa dieta naturalmente onívora, quando consumida pelo predador, é digerida e assimilada corretamente. Portanto, uma dieta onívora ou totalmente vegetariana, de acordo com os avanços tecnológicos, pode ser considerada como natural, tanto para grandes felinos, como os leões, quanto para pequenos carnívoros.

Em todos esses anos de evolução, a espécie humana, o gato e o cão se adaptaram a uma dieta onívora e até à vegetariana. Mas em pleno século XXI há quem duvide disso e ainda bata os pés dizendo que cães e gatos são exclusivamente carnívoros. Alguns dizem que o cão é um carnívoro facultativo e, por este motivo, já se conformaram e aceitaram as dietas vegetarianas para cães, mesmo que a contragosto. A seguir, responderei às perguntas mais frequentes sobre dietas vegetarianas para gatos.

1. O gato pode ter uma vida totalmente saudável com uma dieta vegetariana?

Sim! Ambas as dietas propiciam uma alimentação adequada, isto é, se estiverem devidamente balanceadas e condicionadas de acordo com as exigências nutricionais dos gatos.

2. O gato sofrerá a falta de algum nutriente?

Os gatos que recebam dietas vegetarianas específicas não poderão sofrer com a falta de nenhum nutriente, porque a dieta estará devidamente formulada, equilibrada e atenderá a todas as exigências nutricionais específicas. As referências para a formulação das dietas e as exigências nutricionais para gatos e cães estão publicadas pelo *National Research Council*, no livro *Nutrients Requirements of Dogs and Cats* em 2003, e no Brasil em trabalhos publicados pelos nutricionistas e pesquisadores Aulus Carciofi, da UNESP, e Flávia Saad, da UFLA.

3. Quais os ingredientes que seriam mais indicados e que trariam mais benefícios?

Como fontes de energia: as farinhas de arroz, trigo, aveia, milho, germe de milho, cevada, sorgo e óleo de linhaça. Como fontes de proteína: farelos de glúten de milho, proteína texturizada de soja e levedura de cerveja. Não existe ingrediente que seja universal, milagroso, completo, o mais forte e que traga mais benefícios aos animais - sejam eles gatos, cães ou humanos- ou ainda que substitua todos os outros ingredientes. O importante é não usar apenas uma fonte de energia ou de proteína na fórmula, mas sim três ou mais para formar uma mescla bem balanceada. Atenção: o fornecedor deve ser idôneo.

4. A dieta vegetariana é recomendada para gatos obesos, diabéticos, alérgicos, com problemas renais, cardiovasculares? Ela é uma ração "light"?

Não, em princípio ela não é uma ração medicamentosa cuja finalidade é curar ou ainda prevenir doenças ou para que o animal perca peso. Uma dieta vegetariana é, dentro da classificação do Ministério da Agricultura Pecuária e Abastecimento (MAPA), uma ração completa da mesma categoria que as rações não vegetarianas.

5. As rações vegetarianas possuem Taurina e Carnitina?

Sim! As rações vegetarianas possuem Taurina e Carnitina sintéticas que são suplementadas. As fontes de proteínas animais contêm Vitamina B12, Taurina, Carnitina e Ácido ao Araquidônico, nutrientes que não são encontrados nas proteínas vegetais. Porém, isto não impede que se produza uma dieta exclusivamente vegetariana para gatos, pois existe produção sintética da Vitamina B12, Taurina e Carnitina. Quanto ao Ácido Araquidônico, não há problema, pois existe uma fonte desse ácido de origem não animal que está há muito tempo disponível no mercado internacional. Portanto, basta apenas que se suplemente convenientemente a dieta.

Conclusão

É possível e saudável alimentar gatos e cães durante toda a vida com uma dieta exclusivamente vegetariana. Perguntam-me qual conselho eu daria às pessoas que queiram adotar uma dieta vegetariana para seus animais de estimação, o gato e o cão. Após uma reflexão filosófica sobre a palavra conselho, lhes digo que há três opções. A primeira, nos caso dos tutores de cães, é comprar a ração vegetariana de uma indústria idônea do setor de alimentação animal brasileiro. A segunda é importar o produto que existe disponível no mercado internacional, no caso das rações para gatos. A terceira é fazê-la em casa, para tanto é necessária a assistência de um médico veterinário que seja nutricionista, para que ele receite e lhe oriente sobre como preparar, conservar e fornecer a dieta que dará ao seu gato ou cão. Relembro que no Brasil existe a ração vegetariana para cães há 13 anos, mas ainda não há disponível no mercado brasileiro uma ração vegetariana para gatos. **Observação: Já está disponível ração vegetariana para gatos no Brasil.**

Walter de Albuquerque Araújo é médico veterinário CRMV-SP Nº 0730 e CRMV-BA 2922 "S". Diretor Executivo de:WS – Consultoria & Nutrição Científica S/C Ltda. Diretor e Membro Emérito do Colégio Brasileiro de Nutrição Animal – CBNA Disponível em: https://www.revistapulodogato.com.br/materias/ler-materia/7/gatos-vegetarianos-seria-possivel. Acessado em 05/02/2019 Outro link com o mesmo assunto: http://sociedadevegan.com/gatos-veganos-sim-ou-nao/

ANEXO 2 - TERMO DE REFERÊNCIA PARA CASTRAÇÃO DE CÃES E GATOS EM GRANDES PLANTÉIS

Modelo do Termo do Programa de Manejo Populacional de Cães e Gatos do Distrito Federal, de 2017. Instituto Brasília Ambiental (IBRAM), do Governo do Distrito Federal, Superintendência de Gestão de Áreas, Coordenação de Fauna, Gerência de Conservação, Triagem e Reabilitação da Fauna.

TERMO DE REFERÊNCIA PARA CASTRAÇÃO DE CÃES E GATOS EM GRANDES PLANTÉIS

Dispõe sobre os critérios e procedimentos mínimos para pessoas físicas ou jurídicas que desejam indicar mais de 10 (dez) animais para a castração dentro do Programa de Manejo Populacional de Cães e Gatos do Distrito Federal.

I *– Dados do Proponente*

1) *Para Pessoa Física:*
a. *Nome completo;*
b. *Telefones para contato;*
c. *Email;*
d. *Número do documento de identidade;*
e. *Cadastro de pessoa física;*
f. *Endereço residencial do proponente;*
g. *Endereço onde os animais se localizam, neste caso:*

i. *Se for o mesmo do endereço residencial, informar que se trata do mesmo endereço;*
ii. *Se os animais estiverem em lares temporários, listar os endereços e quais animais se encontram em cada endereço.*
iii. *Se os animais são de vida livre, informar bairro (s), quadra (s) ou outra informação de referência da ocorrência dos animais;*

II *– Descrição da Proposta*

1) *Histórico: o proponente deve descrever em linhas gerais o histórico da ocorrência destes animais de forma a ilustrar como o plantel foi se formando e crescendo. Para os animais abrigados é importante descrever como se deu, em geral, a chegada destes indivíduos (adoção, resgate, etc). Para*

108

os casos de vida livre (colônias ou comunitários), informar se é prestado algum tipo de suporte (alimentação, abrigo, etc).

2) *Descrição do Plantel: o proponente deve caracterizar, dentro do possível, o plantel para o qual está solicitando as castrações quanto ao número de indivíduos, espécie, raça, sexo e idade estimada. Descrever o local onde os animais se encontram, sejam abrigados ou em vida livre, com ilustrações fotográficas.*

Obs. 1: Mesmo para os casos de animais em vida livre, o número de animais deve ser informado, ainda que incerto, para que sejam destinados os termos de encaminhamento para procedimentos cirúrgicos. Para estes casos a quantidade pode ser reavaliada no decorrer da execução das castrações.

Obs. 2: O IBRAM e a SEMA se reservam o direito de fazer visitas aos locais citados.

3) *Captura e Deslocamento:*
Informar como será feita a captura e o acondicionamento temporário – para o caso de animais em vida livre – e o deslocamento para a clínica onde os procedimentos serão realizados.

4) *Cronograma Executivo: informar o calendário esperado para as castrações serem realizadas. Neste caso deve-se levar em consideração a capacidade de deslocamento dos animais e dos cuidados pós-operatório. Este calendário proposto será analisado e o Ibram apresentará um cronograma final que não será necessariamente igual ao proposto.*

III   – Condições para Castração

1) A cirurgia SOMENTE PODERÁ SER REALIZADA se o animal estiver nas seguintes condições:

a. Ter no mínimo 2kg, para felinos;

b. Ter idade mínima de 4 meses, para caninos;

c. Estar com escore corporal (peso) dentro do ideal para cada porte;

d. Não estar sob tratamento;

e. Não ter tido hemoparasitose (doença do carrapato) no período de 90 dias;

f. Não ser portador de doença com tratamento contínuo (convulsão, cardiopatia, hepatopatia e semelhantes);

g. Estar com o paciente há no mínimo 30 dias (resgatados e ou semidomiciliados);

h. Ter menos de 06 anos, para ambas espécies;

i. Não estar prenhe (grávida);

j. Não ter parido com menos de 60 dias;

k. Não estar amamentando;

l. Não ter sofrido nenhum tipo de trauma no período menor que 20 dias;

2) Para animais braquicefálicos (focinho achatado) deve-se usar a anestesia inalatória, e, nestes casos, a anestesia não é coberta pelo GDF, ficando a critério do tutor a decisão por custear a anestesia ou desistir da operação;

3) O destinatário deste termo é o responsável pela captura (se necessário), transporte, cuidados pré e pós-operatórios;

4) O paciente será recepcionado e avaliado para o procedimento. Caso esteja apto, o responsável deverá buscá-lo no mesmo dia no horário marcado com a recepção.

IV – Declaração de Responsabilidades

110

1) *Captura: o proponente deverá declarar responsabilidade pela realização da captura e acondicionamento dos animais até a condução para a clínica onde serão realizados os procedimentos.*

2) *Cuidados pré e pós-operatório: o proponente deverá declarar responsabilidade pela realização dos cuidados pré e pós-operatório.*

3) *Exames complementares: o proponente deverá declarar responsabilidade pela realização, sem ônus para clínica ou para o Ibram, dos exames complementares que forem julgados como necessários pelos médicos veterinários da clínica credenciada.*

4) *Repasse de encaminhamentos: o proponente deverá declarar, para fins civis, penais e administrativos, que não utilizará os encaminhamentos para procedimentos cirúrgicos para favorecer animais de terceiros ou não pertencentes ao grupo de vida livre que pretende controlar, e nem cobrará pelos serviços de encaminhamento.*

V– Documentos

Além da Proposta deverão ser anexados os seguintes documentos:

1) *Cópia de documento de identificação com foto que conste número de identidade e CPF.*

2) *Comprovante de endereço, emitido nos últimos 60 dias;*

2.2 - Declaração de Responsabilidades

111

DECLARAÇÃO DE RESPONSABILIDADES

Brasília, 23 de outubro 2017

Eu ( ), portador do RG ( ) CPF ( ) residente em ( ), declaro para fins civis, penais e administrativos:

• *A total responsabilidade pela realização da captura e acondicionamento dos animais até a condução para a clínica onde serão realizados os procedimentos operatórios de castração.*

• *A total responsabilidade pela realização dos cuidados pré e pós-operatório dos procedimentos de castração.*

• *A total responsabilidade pela realização exames pré e pós-operatório dos procedimentos de castração que forem julgados como necessários pelos médicos veterinários da clínica credenciada, sem ônus para clínica ou para o IBRAM.*

• *Que não utilizarei os encaminhamentos para procedimentos cirúrgicos para favorecer animais de terceiros ou não pertencentes ao grupo que pretendo controlar, assim como não cobrarei pelos serviços de encaminhamento.*

Declaro ainda, a inteira responsabilidade pelas informações contidas nesta declaração, estando ciente de que a omissão ou a apresentação de informações e/ou documentos falsos ou divergentes implicam na exclusão do programa de castração do Instituto Brasília Ambiental – IBRAM, além das medidas judiciais cabíveis.

Atenciosamente,

Assinatura do Declarante

2.3 – Fotos da colônia de gatos

Local e animais a serem castrados

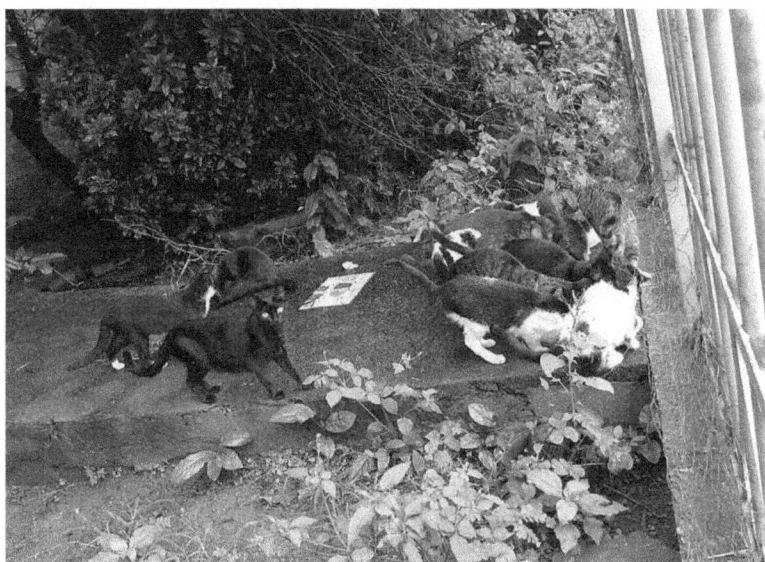

Local e animais a serem castrados

ANEXO 3 – PANFLETO SOBRE ÉTICA, MEIO AMBIENTE E SAÚDE.

Material para sensibilização das pessoas em relação aos direitos dos animais. Pode ser colocado na caixa dos correios da vizinhança, quando perceber que algum morador seja hostil aos animais.

QUESTÕES DE ÉTICA, SAÚDE E MEIO AMBIENTE

Inconformidade com as injustiças e sensibilidade para com a dor alheia, seja ela em quem for[1].

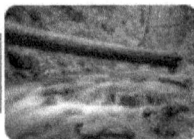

Pecuária e Meio Ambiente

A setor que mais destrói o meio ambiente é a Pecuária, porém muitos ambientalistas não tocam no assunto. Falta de conhecimento, o desejo de não mudar hábitos ou porque recebem algum patrocínio? A pecuária também patrocina os meios de comunicação, políticos ...

Segue abaixo alguns dados sobre a pecuária e meio ambiente:

✓ Recursos necessários para produzir um quilo de carne (alimenta 2/3 pessoas), alimentaria (mais de 50 pessoas) com vegetais[3].
✓ 50% do cultivo mundial são destinados à produção de ração (pecuária)[3].
✓ A terra/água para produzir um quilo de carne, pode produzir 200 quilos de tomates ou 160 quilos de batatas[3].
✓ Para cada quilo de carne, 7 quilos de vegetais são para a ração animal[4, 5].
✓ O consumo de carne foi declarado insustentável para existência humana na Terra, em dois relatórios seguidos da ONU (2010 e 2013)[6].
✓ 70% da água doce do mundo é destinada a pecuária, que ocupa 38% do uso da terra global e responsável por 19% dos gases do efeito estufa (superando os meios de transporte)[6].
✓ A maioria da plantação de soja e milho é destinada a engorda a animais de abate. 80% do desmatamento da Amazônia é causado pela pecuária[7].
✓ Para cada quilo de carne, 17.500 mil litros de água potável[8] equivalente a (388 banhos, 35 caixas d´água de 500 litros).

1 - BRASIL. Vamos cuidar do Brasil: conceitos e práticas em educação ambiental na escola. (p.81)
2 - MÜLLER B. Veganismo, vegetarianismo e protovegetarianismo
3 - Maciel, FO; Zeraik, DG; Landgraf, PRC. Vegetarianismo: luta contra a assimétrica geopolítica da carne.
4 - FAO, Food and Agriculture Organization of the United Nations.
5 - WORLDWATCH INSTITUTE. Consumer trends
6 - UNEP, United Nations Environment Programme, Assessing the Environmental Impacts of Consumption and Production Priority Products and Materials 2010, United Nations Environment Programme, Our Nutrient World The challenge to produce more food and energy with less pollution, 2013.

Alimentação Animalizada

Além de prejudicial ao meio ambiente, a alimentação de origem animal traz prejuízos à saúde humana, sendo responsável por 70% das novas doenças que surgiram em humanos nas últimas décadas, em parte, relacionadas diretamente a alimentos como carnes, ovos e laticínios[4].

O consumo de carne processada, segunda a Organização Mundial de Saúde (OMS), está no grupo 1, o pior de substância cancerígenas, junto ao cigarro, amianto e fumaça de óleo diesel.

O Plano Nacional de Saúde (2012-2015), do Ministério da Saúde do Brasil, identifica o hábito de consumir carne, como um fator de risco de doenças crônicas evitável[9].

Gráfico 4 – Fatores de risco para doenças crônicas não transmissíveis, segundo sexo, para o conjunto das 26 capitais de estados e Distrito Federal

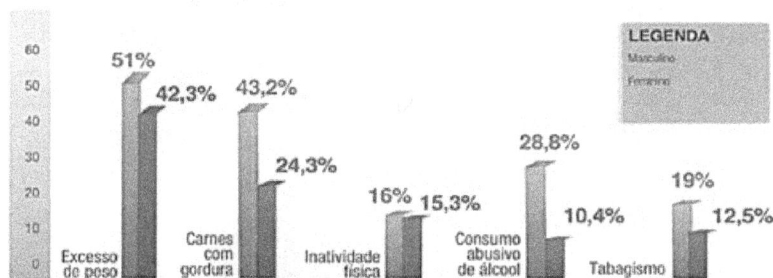

Fonte: BRASIL. Vigitel – Vigilância de Fatores de Risco e Proteção para Doenças Crônicas por sistema de vigilância de fatores de risco e proteção para doenças crônicas por inquérito telefônico (Vigitel). Brasília: MS, 2009.

7 - Fearnside, P.M. A floresta Amazónica nas mudanças globais. Manaus: INPA.
8 - SAPESP - Companhia de Saneamento Básico do Estado de São Paulo.
9 - Ministério da Saúde.
10 - Peter Singer: Libertação Animal e Ética Prática
11 - Jeremy Bentham
12 - Arthur Schopenhauer

117

Ética

A vida na Terra pode ser classificada: **Seres bióticos não sencientes** (não sentem dor e não têm consciência) ex. plantas, bactérias. **Seres bióticos sencientes** (sentem dor e têm consciência) ex. gato, peixe, humano. **Abióticos** (inanimados e sem material genético), ex. (mineral, ar, luz).

Uma pedra não tem interesse em não ser chutada, pois não possui uma mente, só existe a dor que sentimos se existir a mente, a dor é um estado mental[10].

Se um ser tem a capacidade de sentir dor não há justificativa ética/moral para deixar de levar em consideração esse sofrimento.

Não importa se os animais tenham ou não alma. "Não importa a cor, vilosidade da pele e o número de pernas, nem se podem pensar ou falar, e sim a capacidade de sofrer"[11]. "A compaixão pelos animais está intimamente ligada a bondade de caráter, e quem é cruel com os animais não pode ser um bom humano"[12].

Veganismo, um modo ético/moral, que consiste em tentar excluir todas as formas possíveis e praticáveis de exploração aos outros animais[2].

Mais informações www.sejavegano.com.br e facebook/Fala
Produção: Sérgio Vegano

118

ANEXO 4 – PANFLETO SOBRE VEGANISMO

Material para sensibilização das pessoas em relação aos direitos dos animais. Pode ser colocado na caixa dos correios da vizinhança, quando perceber que algum morador seja hostil aos animais.

CONHEÇA O VEGANISMO

O que é veganismo? É deixar os animais em paz. Veganos não consomem produtos que têm como matéria-prima o sofrimento animal, como carnes, laticínios e ovos. São contra a exploração animal de todo tipo, desde para testes farmacêuticos até para fins de entretenimento em circos, zoológicos ou rodeios.

O que há de errado em comer carne?

Quem já teve um animal de estimação sabe dizer que animais sentem. Sentem alegria, prazer, cócegas, saudades, ciúmes, fome, medo, tristeza, dor. Neurocientistas já declararam: é inegável que animais têm consciência e sentem dor.[1] E ainda assim, a indústria da carne faz bilhões de animais sentirem as piores sensações possíveis todos os dias para nos suprir com um alimento de que não precisamos. Nós podemos optar por não fazer parte disso.

Mas e as proteínas?

Há abundância de proteínas em alimentos de origem vegetal.[2] Muitos atletas e fisiculturistas premiados são veganos,[3] e suas performances não são nem um pouco prejudicadas por conta disso.

Eu adoro carne! Não conseguiria viver sem!

Nem tudo que é prazeroso é correto. É um dever nosso pensar em quem é afetado por nossas escolhas. Podemos colocar numa balança os pontos positivos e negativos: de um lado, a satisfação temporária do seu paladar; do outro, um animal tão inteligente e carinhoso quanto o seu cachorro sendo cruelmente torturado até a morte. Você acha isso justo? Não é sensato cometer atrocidades para saciar um desejo banal. Nós temos escolha: existe uma infinidade de comidas saborosas que são livres de sofrimento animal.

Eu aprendi que carne e leite são essenciais!

Isso é fruto de elaboradas campanhas publicitárias da indústria pecuária. De acordo com o *Ministério da Saúde*, uma dieta sem nenhum produto de origem animal é possível e saudável[4] (e seu *Guia Alimentar* ainda aponta que carne, leite e ovos podem favorecer o risco de doenças crônicas). Diversas organizações brasileiras e internacionais têm posição semelhante.

Tirar o leite não mata a vaca, então o que há de errado nisto?

Há mais sofrimento em um copo de leite do que num bife. Vacas só produzem leite quando têm filhos, então os fazendeiros as engravidam artificialmente e depois as separam de seus bebês assim que nascem. Os bezerros machos são mortos (carne de vitela) e as fêmeas terão o mesmo destino da mãe. Depois de máquinas ordenharem intensamente a vaca num galpão apertado, engravidam-na novamente e o ciclo se repete. Por anos elas são exploradas assim, e então as matam para nos vender seus corpos.

Mas como obter cálcio sem o leite?

É fácil conseguir cálcio e outros minerais sem beber leite. Vegetais verde-escuros, como couve e brócolis, são ricos em cálcio, assim como feijão, soja, ervilha, lentilha, sementes, castanhas, frutas secas...[5] O leite da vaca existe para os bezerros, não para humanos.

E quando há abate humanitário? O bem-estar animal não é garantido?

Tirar a vida de um ser inocente sem necessidade alguma é incompatível com o conceito de humanidade. Não há uma forma gentil de matar alguém que não quer morrer. Fazendo um paralelo, você diria que tratar bem escravos é uma boa justificativa para praticar a escravidão?

Isso não é muito radicalismo?

Pode-se dizer que veganos são radicalmente contra o sofrimento de animais, da mesma forma que todos nós já somos radicalmente contra assassinatos, pedofilia ou tortura.

Mas que diferença faz se só eu mudar?

Não é só você! Já somos milhões de pessoas ao redor do mundo nos recusando a participar da indústria mais cruel da história. Cada um que deixa de financiar esse negócio faz a diferença. Mudar as coisas começa com você!

(continua no verso)

Leões não matam para comer?
Por que nós não podemos?

Leões são animais carnívoros e selvagens que morreriam se não comessem outros animais. Nós somos animais onívoros e civilizados e podemos viver sem comer carne. Temos avançadas técnicas de produção que nos permite plantar tudo o que precisamos comer, e temos a capacidade de pensar e decidir nossas ações. Não imitamos animais selvagens em nenhum aspecto de nossas vidas, então por que imitaríamos na hora de comer?

E plantas não são seres vivos também?

Plantas são vivas mas não são sencientes, ou seja, são incapazes de sentir dor ou prazer.[6] O que você acharia menos cruel: cortar ao meio uma cenoura ou um cachorro?

E qual o problema com os ovos?

Quando nascem os filhotes das galinhas, os machos são imediatamente triturados vivos porque não são úteis para a indústria. As fêmeas são confinadas em gaiolas tão pequenas que nem conseguem abrir as asas para que possamos tomar seus ovos. Cortam fora seus bicos para evitar que as galinhas se mutilem em desespero pelas condições em que vivem. Depois de dois anos de exploração, elas são mortas e seus corpos são vendidos.

RECURSOS

VÍDEOS

Terráqueos [Earthlings]
https://youtu.be/o7qhirNVP5s   (Dublado)

A Carne é Fraca
http://youtu.be/rrFsGTw5bCw   (Dublado)

Cowspiracy: O Segredo da Sustentabilidade
http://goo.gl/8J1g9U   (Legendado)

Reino Pacífico [Peaceble Kingdom]
https://goo.gl/33dKCF   (Legendado)

Troque a faca pelo garfo [Forks over Knives]

LIVROS   (Fale conosco para empréstimos c

*Porque amamos cachorros, comemos j
vestimos vacas* – Melanie Joy

Libertação Animal – Peter Singer

Galactolatria: mau deleite – Sônia T. Fel

Jaulas Vazias – Tom Regan

Comida vegana não é mais cara?

Pense em quantos quilos de arroz e feijão dá para comprar com o que se paga em um quilo de carne. Pense em quantas frutas e verduras se compram com o valor de um quilo de queijo. Muitos veganos passam a economizar quando deixam de comprar produtos de origem animal.

A dieta é uma escolha pessoal!

Uma escolha deixa de ser pessoal quando tem uma vítima. Os outros animais não podem escolher deixar de participar disso, mas nós podemos!

Eu nem saberia por onde começar a mudar!

A parte mais difícil é perceber que é preciso mudar. Se você decidiu fazer algo a respeito, parabéns! Cada pequena decisão nossa tem um impacto nos outros e no mundo. O primeiro passo para um consumo responsável é se informar. É preciso saber do que as coisas são feitas e como elas são feitas para decidir o que boicotar. Pode parecer trabalhoso no começo, mas é algo com que se habitua facilmente. Para nós é uma pequena inconveniência; para os animais, a diferença entre a vida e a morte. Não pare por aqui! Leia, assista a filmes, converse com outros e boa sorte! :)

Saiba mais em
www.sejavegano.com.br

RECEITAS
Presunto Vegetariano
http://presuntovegetariano.com.br/

NOTÍCIAS
ANDA
www.anda.jor.br

Olhar Animal
www.olharanimal.org

ENTRE EM CONTATO!
Site: www.facebook.com/fala
E-mail: libertacao.animal2017@gmail.com

)p: use um
código ao
ereço em

.com/
VLe1

Fontes:
1 Declaração de Cambridge sobre a Consciência dos Animais (2012)
2 Dr. Eric Slywitch – http://www.alimentacaosemcarne.com.br
3 Equipe Força Vegana – https://www.facebook.com/equipeforcavegana
4 Ministério da Saúde – Guia Alimentar para a População Brasileira. 2ª edição, 2014.
5 Dr. George Guimarães – http://www.nutriveg.com.br/caacutelcio-na-dieta-vegana.html
6 Gary Francione – http://stoa.usp.br/mauriciokanno/weblog/6395.html

ANEXO 5 – REGISTROS

Segue alguns registros do período de castração (2017/2018). Alguns gatos continuam comigo, outros pela área verde em frente a nossa casa, alguns foram doado e outros infelizmente não apareceram mais.

Figura 1 Retorno da clínica com as caixas de transporte

Figura 2 Cuidado pós-cirúrgico na clínica

Figura 3 Cuidado pós-cirúrgico na clínica

Figura 4 Cuidado pós-cirúrgico na clínica

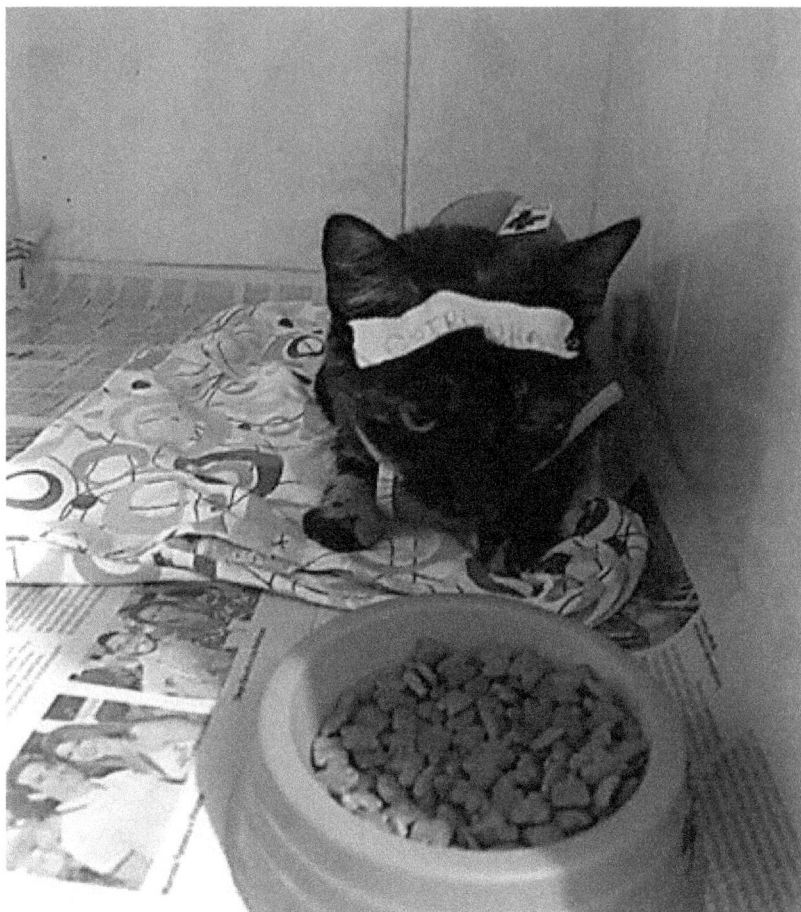

Figura 5 Cuidado pós-cirúrgico na clínica

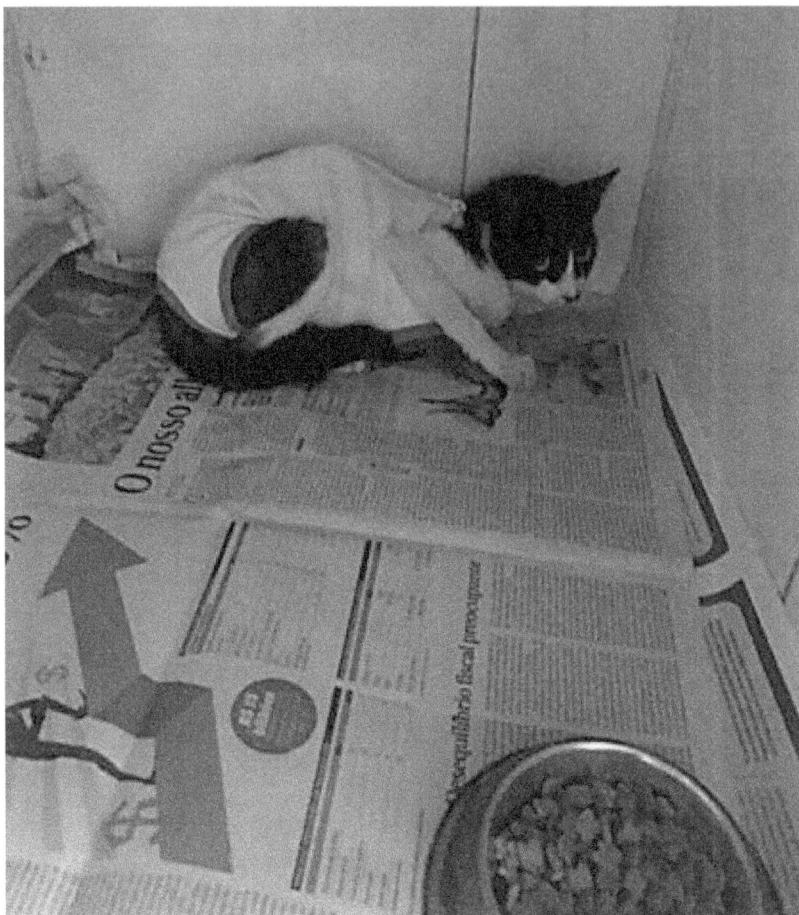
Figura 6 Cuidado pós-cirúrgico na clínica

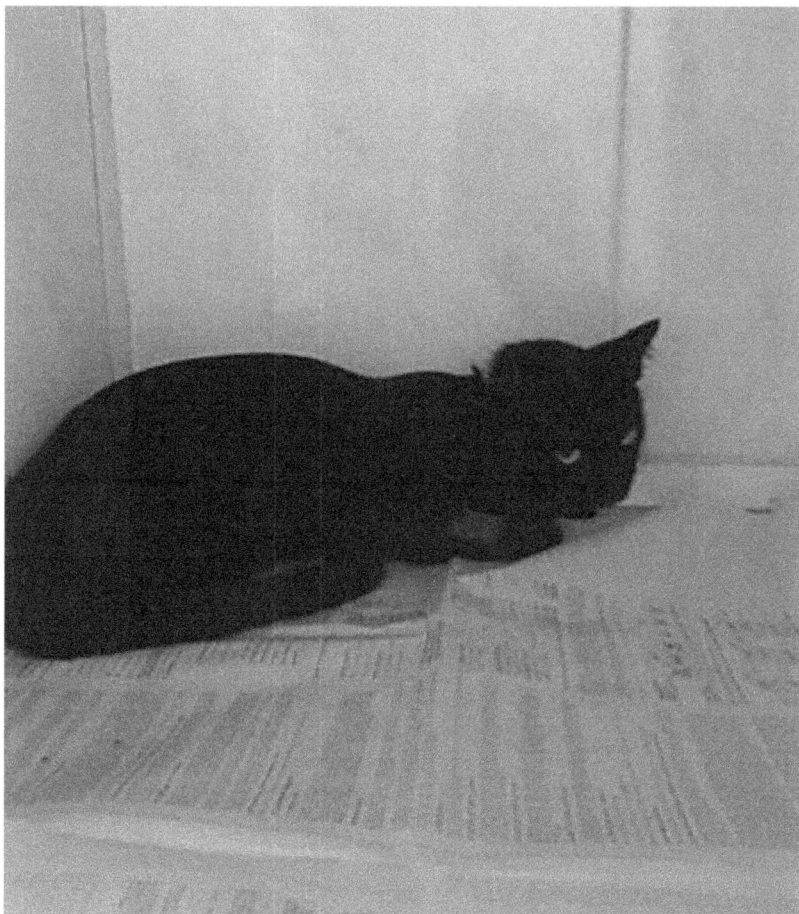

Figura 7 Cuidado pós-cirúrgico na clínica

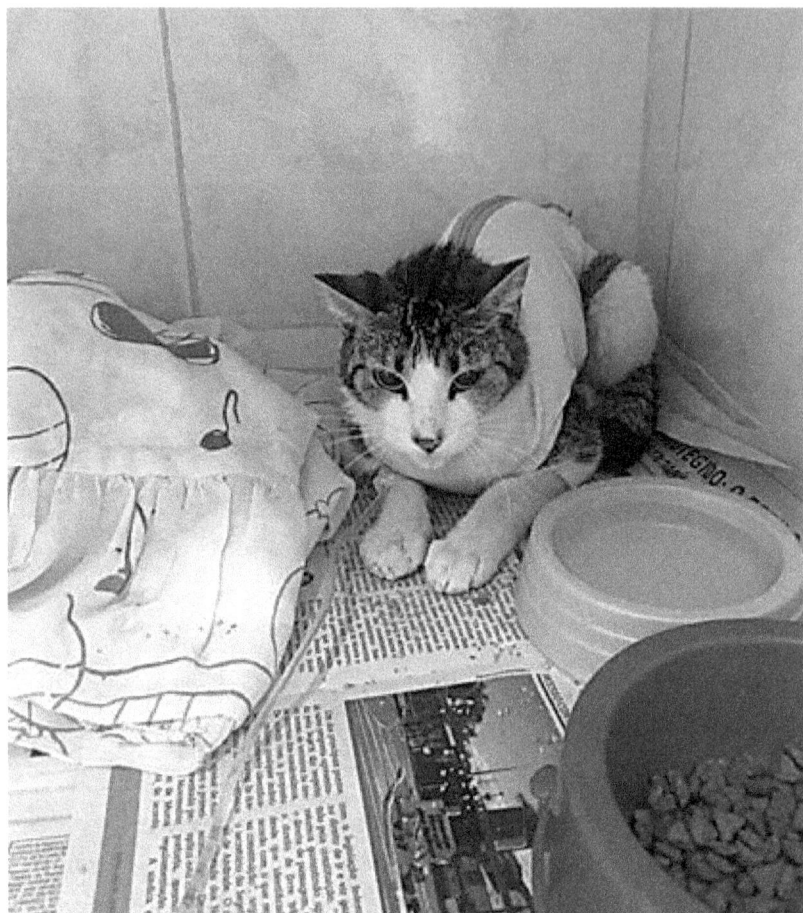

Figura 8 Cuidado pós-cirúrgico na clínica

Figura 9 Cuidado pós-cirúrgico em casa

Figura 10 Gatos da região na varanda de casa

Figura 11 Cartaz na intenção de proteger os animais

Figura 12 Fariseu e Xante

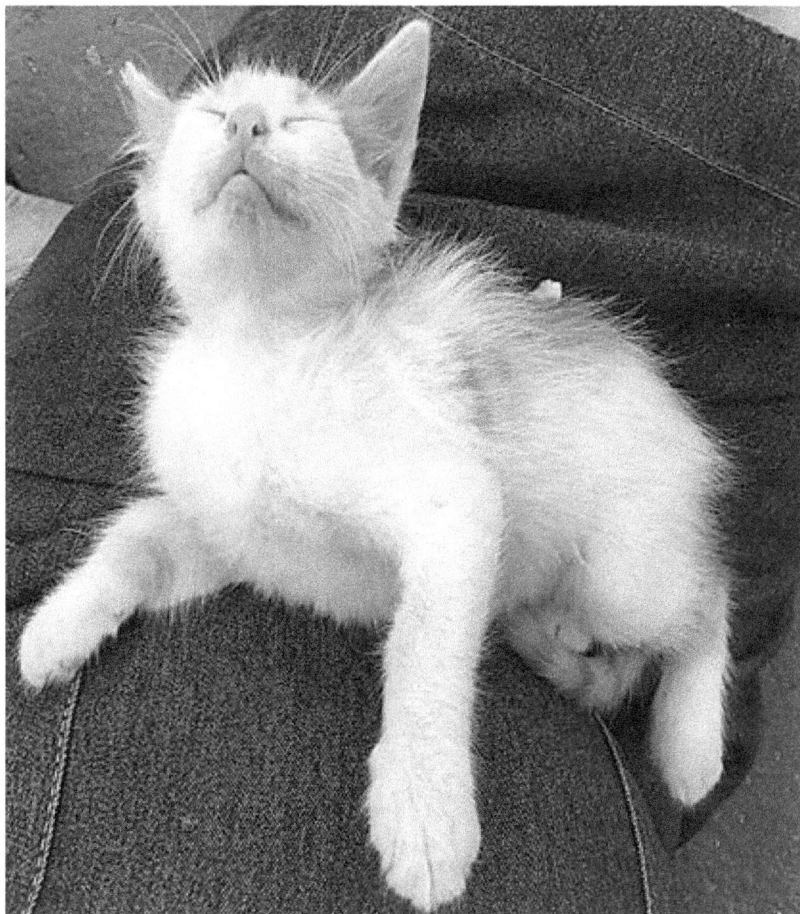

Figura 13 Lisandro

Figura 14 Família resgatada em cima de uma árvore perseguidos por cachorros. Ninguém pode adotar, ficamos com todos. Duda, Kurtinho, Marinão e Rosinha

20 - LIVROS DO AUTOR

Sérgio Augusto

Linha do Tempo: Relações entre humanos
e os outros animais

Misticismo Teocentrismo Antropocentrismo Biocentrismo

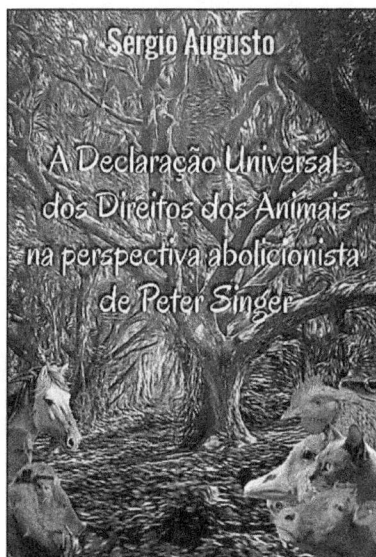

Sérgio Augusto

A Declaração Universal
dos Direitos dos Animais
na perspectiva abolicionista
de Peter Singer

Ao meu amigo Wiskas

09/04/2019